公正财富年度报告系列丛书
FAIR WEALTH ANNUAL REPORT SERIES

公正财富项目组 著

2019

复旦大学可持续创新和增长研究所
北京大学贫困地区发展研究院
华东师范大学国家品牌战略研究中心
有知庐

公正财富年度报告
Fair Wealth Annual Report

复旦大学出版社

致 谢

2019 年是公正财富项目的第四年,在持续每年发布公正财富评级、推进公正财富投资等的基础上,本年度公正财富数据中心也已正式上线,在此感谢所有参与公正财富项目以及提供帮助的个人与机构。

前　言

本书为《2019公正财富年度报告》，是连续第二年出版的公正财富年度报告系列丛书。

公正财富倡导"君子爱财，取之有道，用之以德，传之随心"的理念，肯定并鼓励企业追求和积累财富，但更强调企业遵守"取之有道，用之以德"的规则，同时呼吁社会应当尊重符合以上规则的财富及财富拥有者，并让他们在财富传承和积累上享有随心而不逾矩的权利。

企业是当代社会创新的主要载体，一个地区的企业发展和治理水平反映了其经济水平、创新能力和繁荣程度，也能折射其对商业道德、法律治理、环境保护的重视程度，两者相辅相成。

时至今日，在党的十九大提出"经济高质量发展"、2018年G20峰会又将"公正发展"与"可持续发展"并列为大会主题的背景下，企业应思考如何在创造经济财富的同时创造社会价值，而这也和公正财富（Fair Wealth）的概念不谋而合。公正财富的创造能督促企业承担社会责任，增强企业的竞争力和可持续性，并推动社会创造更多的公正财富。

2015年8月，复旦大学管理学院可持续创新和增长研究所（iSIG）以"理想中国"为主题，邀请了各领域专家学者及企业代表围绕着"公正财富与企业社会担当"进行了深度探讨。2016年9月，复旦大学管理学院可持续创新和增长研究所（iSIG）针对中国大陆排名前50的财富拥有者，发布了首届"公正财富排行榜"。2017年10月，复旦大学管理学院可持续创新和增长研究所（iSIG）针对沪深两市A股主板上市公司首次发布了公正财富评级报告。2018年8月，连续第二年发布公正财富评级报告，并将范围拓展到中小企业板以及在美国上市的中概股企业，且由复旦大学出版社正式出版了《2018公正财富年度报告》。2019年8月，连续第三年发布公正财富评级报告；2019年11月，公正财富数据中心正式上线。

本报告回顾了2019年公正财富项目的发展，全书共分为九章，共三个部分。第一部分为第一——五章，回顾2019年公正财富项目的进展，其中：第一章对2019年公正财富年度主题进行分析；第二、三章则为2019年公正财富评级结果及针对该结果的分析；第四章介绍公正财富数据中心；第五章介绍公正财富的其他项目。第二部分为第六章，阐述公正财富评估的理论及方法。第三部分为第七、八章，回顾公正财富项目的发展，及在这其中参与并帮助公正财富项目发展的人及组织。

目 录

前言 ·· 1

第一章　公正财富年度主题 ·· 1

　　第一节　高质量发展 ··· 1
　　第二节　公正发展 ·· 2
　　第三节　高质量发展的公正内涵 ····································· 3
　　第四节　高质量发展与公正财富 ····································· 5

第二章　公正财富评级结果 ·· 7

　　第一节　荣誉星级企业名单——一星级 ··························· 8
　　第二节　荣誉星级企业名单——二星级 ··························· 12
　　第三节　荣誉星级企业名单——三星级 ··························· 15
　　第四节　荣誉星级企业名单——四星级 ··························· 16
　　第五节　荣誉星级企业名单——五星级 ··························· 16
　　第六节　负面事件企业名单 ··· 16
　　第七节　数据声明 ·· 16

第三章　公正财富结果分析 ·· 18

　　第一节　公正财富评级结果分析 ····································· 18

第二节　优秀企业案例 …………………………………… 38

第四章　公正财富数据信息中心 …………………………………… 54

第五章　其他公正财富相关项目 …………………………………… 58
　　第一节　非上市企业公正财富评估 ……………………………… 58
　　第二节　公正财富投资 …………………………………………… 59

第六章　公正财富理论及方法 ……………………………………… 61
　　第一节　理论基础 ………………………………………………… 61
　　第二节　公正财富评估框架 ……………………………………… 65
　　第三节　企业公正财富评估体系 ………………………………… 66
　　第四节　企业公正财富评级 ……………………………………… 79
　　第五节　非上市企业公正财富评估 ……………………………… 83
　　第六节　评估周期 ………………………………………………… 84

第七章　公正财富大事记 …………………………………………… 85
　　第一节　佘山会议 ………………………………………………… 85
　　第二节　iSIG 企业可持续创新和增长深圳论坛 ……………… 85
　　第三节　《泡泡理论》出版 ……………………………………… 85
　　第四节　"公正发展"主题研讨会 ……………………………… 87
　　第五节　"公正财富理论"正式提出 …………………………… 87
　　第六节　理想中国论坛——公正财富与企业社会担当 ………… 88
　　第七节　首届公正财富排行榜发布 ……………………………… 88
　　第八节　*Fair Development in China* 出版 …………………… 89
　　第九节　2017 公正财富评级发布 ……………………………… 90
　　第十节　公正财富排行榜更名为公正财富年度人物 …………… 90

第十一节　首支基于公正财富评级结果的私募基金正式运作 …… 90
　　第十二节　完成首家非上市企业公正财富评估 …………………… 90

第八章　公正财富项目参与机构 ……………………………………… 92
　　第一节　复旦大学管理学院可持续创新和增长研究所 …………… 92
　　第二节　北京大学贫困地区发展研究院 …………………………… 92
　　第三节　华东师范大学国家品牌战略研究中心 …………………… 95
　　第四节　有知庐 ……………………………………………………… 96

第九章　公正财富项目组 ……………………………………………… 98
　　第一节　公正财富专家委员会 ……………………………………… 98
　　第二节　公正财富方法委员会 ……………………………………… 99
　　第三节　执行团队 …………………………………………………… 99

附　录 …………………………………………………………………… 102
　1. 公正财富理论及方法修订情况 …………………………………… 102
　2. FW 与 GRI、DJSI 及学术文献的对照表 ………………………… 104

参考文献 ………………………………………………………………… 116

感　言 …………………………………………………………………… 118

第一章
公正财富年度主题

党的十九大中提出,我国经济已由高速增长阶段转向高质量发展阶段。时至今日,这一发展阶段转变的提出已有两年。高质量发展是我国经济在30多年高速增长之后突破结构性矛盾和资源环境瓶颈的必然选择。对于这样的发展阶段,通过对其内涵以及内在要求的深入理解,公正财富项目组认为其与公正财富及公正财富所依托的公正发展理念有着深刻而丰富的关联性和一致性。因此,我们将高质量发展的公正内涵定为本年度公正财富的年度主题,旨在通过对两者的深入分析和讨论,进一步推动两者的研究及发展。

第一节　高质量发展

高质量发展是2017年中国共产党第十九次全国代表大会首次提出的新表述,十九大报告指出:"我国经济已由高速增长阶段转向高质量发展阶段,建设现代化经济体系是跨越关口的迫切需求和我国发展的战略目标。"

高质量发展这一新表述已在国民经济、生活等各个领域产生了广泛而深刻的影响。《习近平新时代中国特色社会主义思想学习纲要》指出:"我国的经济发展进入新常态。新常态是一个客观状态,是我国经济发展到一定阶段必然会出现的一种状态，当下，我国经济发展的环境、条件、任务、要求等都发生了新的变化，这些变化，是我国经济向形态更高级、分工更优化、结构更合理的阶段演进的必经过程。

高质量发展是能够很好满足人民日益增长的美好生活需要的发展，是体现新发展理念的发展，是创新成为第一动力、协调成为内生特点、绿色成为普遍形态、开放成为必由之路、共享成为根本目的的发展。"

高质量发展提出两年以来，无论是其目标、定义，还是推动高质量发展的方式和方法等都得到了更为充分的研究和拓展。不难看出，高质量发展在今后相当长的时间内都将是指引中国社会发展的重要思想。

第二节　公正发展

2013年11月，《泡泡理论——人类社会何去何从》一书（中英文版）以有知需求为起点，系统地阐述了公正发展理论的行程和前景，首次就公正发展这一新的人类发展原则构建了理论框架。

从定义来看，公正发展是指没有偏向任何一方的发展。具体来说，公正发展是指，和现存的某一个实体相比，去争取保证现在或以后 Y 年后存在的 X 机会、资源和产出上享受到程序公正、分配公正、和／或复原公正的人类发展。

公正发展这一理念的核心在于以公正这一概念引导发展，因此准确定义和正确理解公正这一概念是至关重要的。公正一词对应于英语中"Fair"一词，在公正发展的定义中，对于公正一词使用了韦氏词典（*The Merriam-Webster Dictionary*）中对于"Fair"的定义，即"不偏好一方或另一方"。

于公众而言，公正一词会与公平、平等等词在词义上出现混淆，从严谨的角度看，公正发展理论通过构建清晰的框架定义和阐述了这些相关的概念。公正发展将平均、按需和公平定义为分配的三种形式。平均是指发展机会资源和产出平等分配；按需是指基于需求来决定资源、机会和产出的分配；公平是指资源和机会均等但产出基于贡献进行分配。这三种分配方式在不同的社会环境和条件下，都有其存在的合理性。公正则是指基于条件和环境，基于参与方共同的意愿对这三种分配方式所达成的最终选择（可以是其中一种，也可以是两种或三种按一定比例的组合）。因此，公正是在这三种分配方式之上的，融入了参与方价值判断和选择之后的更高层次的概念。通过这一框架，我们将公正发展理念的定义与常见的平均主义、按劳分配等概念进行了区分。

第三节 高质量发展的公正内涵

基于上文对于高质量发展与公正发展的诠释，两者在各个层面上均存在一致性和关联性。从宏观层面来看，高质量发展的第一个核心问题就是：什么样的发展是高质量的发展？这也就是对高质量应当怎么判断。公正／公正发展就是回答这一核心问题的重要组成要素。

高质量发展，就是经济发展从"有没有"转向"好不好"，然而"有没有"是一个简单容易的判断题，而当其转变为"好不好"时，该判断将变得更为复杂，含有了更丰富的内涵，也就必然需要更多、更详细的要求和标准。习近平总书记在党的第十九次全国代表大会上的报告中指出："我国社会主要矛盾已经转化为人民日益增长的美好生活需要和不平衡不充分的发展之间的矛盾。"同时，习近平总书记也指出："推动高质量发展正是适应我国社会主要矛盾变化的必然要求。"从这两段关于社会矛盾转化和高质量发展的论述中，不难看出，发展是否平衡是发展"好不好"的最重要的标准之一。公正／公正发展很好地回应了发展不平衡这一矛盾，遵循公正发展的理念和原则必然带来更为平衡的发展，必然有助于改善社会主要矛盾，必然有助于推动社会高质量发展。此外，习近平总书记还在报告中指出，要"不断满足人民日益增长的美好生活需要，不断促进社会公平正义，形成有效的社会治理、良好的社会秩序，使人民获得感、幸福感、安全感更加充实、更有保障、更可持续"。基于长期的理论研究和社会实践，对普通群众的生活来说，获得感幸福感不仅与发展的水平相关联，也与发展是否公正有直接的关联，因此从社会公众角度来看，高质量的发展也必然是公正的发展。

高质量发展的第二个核心问题就是如何推动和实现高质量发展。公正／公正发展的理念在这一过程中同样起到不可或缺的作用。

推动高质量发展的关键之一就是效率变革。从效率的角度来看，公正发展理念与传统的市场经济理念相比，能起到对低效生产加以纠正的作用。在主流经济学所推崇的经典市场经济中，低效率企业除了被市场竞争机制排挤出局之外，并不受到其他的惩罚，但从公正发展的要求来看，在物种一体化成为主流趋势的情境下，低效率生产意味着浪费了各种生产资源，因此无法达到最低生产运营效率的企业很可能会被政府管制，被顾客惩罚。这样的要求有助于推动全要素生产效率的提升，从而推动高质量发展。同时，除了对低效生产的纠正外，公正／公正发展的理念也有助于依据公正发展的框架及要求，将资源在不同发展主体之间进行分配，能更好地实现资源分配中的平均、按需、公平相关模式下的有机结合，更好地推动高质量发展。

除了宏观层面外，高质量发展与公正发展在一系列具体的社会、经济目标上也存在很高的一致性。两者都在污染防治、气候变化、精准脱贫、人力资本素质等方面有着高度一致的关注和要求。更进一步来看，针对这一系列目标，公正发展还能够为推动高质量发展的指标体系、政策体系、标准体系、统计体系、绩效评价、政绩考核等提供有效的参考和机制。以气候变化为例，在温室气体排放、能源使用、水资源使用等方面，公正发展不但与高质量发展在目标上保持了一致：进一步推动节能减排，同时也能够为如何分配排放指标，如何制定节能目标提供一种可信、可行的理念指导。也就是说，以公正作为标准来制定相关的要求，将使得这一系列目标在推进和执行过程中获得更好的效果。

高质量发展作为我国当下及未来相当长一段时间内重要的发展观，其成果的衡量与推动都与公正／公正发展理念高度相关。我们认为公正发展是高质量发展的重要内涵延伸和推动途径。

第四节　高质量发展与公正财富

商业作为社会发展的重要组成部分，理解和分析其表现对于推动企业乃至整个社会的高质量发展至关重要，公正财富作为公正发展理念在商业领域的应用，衡量了企业在公正视角下的各方面表现。通过对公正财富评估结果中一部分数据的分析，可以更好判断企业高质量发展情况，乃至整个社会的高质量发展情况。

依据前文分析，我们从公正财富评估体系中挑选出最为相关的四个属性，分别为环境友好、技术进步、机会平等以及培训教育，分析了企业三年得分情况的变化。

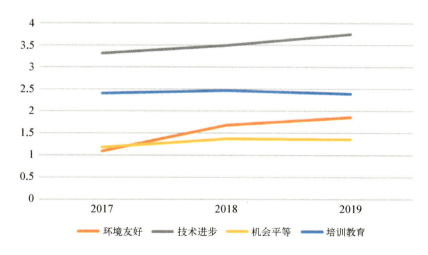

从表现来看，近三年环境友好与技术进步两个属性进步较为显著，这也与我国这两年强调技术创新，重视企业对生态环境影响的背景相吻合，在这样的背景下，企业对于技术创新、资源使用、污染排放等的重

视程度也与日俱增,也造就了其在对应属性上公正财富得分的增长。

相较于前两者,企业在机会平等、培训教育上的表现并未出现明显的进步,表明大多数企业对这两者尚未引起足够的重视。从长远来看,为了实现更高质量的成长和更充分的就业,企业对于人的平等和人力资本的培育应当给予更多的关注。

第二章
公正财富评级结果

本章将详细介绍 2019 年公正财富评级结果，2019 年是公正财富评级的第三年，评级范围覆盖沪深两市 A 股主板上市公司，以及中小企业板和在美上市的中国企业。2019 年公正财富评级共评估了 2 501 家上市企业，其中共有 265 家企业通过筛选。

在本年度评级中，根据企业披露的 2018 年信息，从 "天下为家" "举目皆亲" "知耻修身" "十八而立" "弱势不弱" 和 "登天有道" 六个维度出发，围绕非财务指标进行数据收集和分析。在评级中遵循透明、进步和引领三大主旨，最终选出了 233 家荣誉星级企业，其中一星企业 122 家、二星企业 102 家、三星企业 9 家。

		2019 年	2018 年	2017 年	定 义 范 围
总入选企业数		2 501	2 330	1 776	主营业务稳定两年（包括上市满两年）；未被暂停上市
通过筛选企业数		265	193	157	财务健康；信息披露达标；报告期内无重大负面事件
星级企业	一星企业数	122	102	85	良好的企业
	二星企业数	102	64	22	优先选择的企业
	三星企业数	9	4	4	值得付出额外成本选择的企业
	四星企业数	0	0	0	值得主动无偿帮助其成功的企业
	五星企业数	0	0	0	时代的引领者

第二章 公正财富评级结果

第一节 荣誉星级企业名单——一星级

马钢股份 600808.SH	原材料	中远海发 601866.SH	工业
中远海能 600026.SH	工业	陕鼓动力 601369.SH	工业
奇正藏药 002287.SZ	医疗保健	中国国航 601111.SH	工业
南方航空 600029.SH	工业	中信证券 600030.SH	金融
东方航空 600115.SH	工业	江中药业 600750.SH	医疗保健
万东医疗 600055.SH	医疗保健	巨化股份 600160.SH	原材料
珠江实业 600684.SH	房地产	重庆水务 601158.SH	公用事业
中国核电 601985.SH	公用事业	瀚蓝环境 600323.SH	公用事业
海螺水泥 600585.SH	原材料	东方明珠 600637.SH	通信服务
京能电力 600578.SH	公用事业	三元股份 600429.SH	日常消费品
泰达股份 000652.SZ	工业	双汇发展 000895.SZ	日常消费品
潍柴动力 000338.SZ	工业	招商证券 600999.SH	金融
深圳燃气 601139.SH	公用事业	上海建工 600170.SH	工业

第一节 荣誉星级企业名单——一星级

公司	代码	行业	公司	代码	行业
中金黄金	600489.SH	原材料	国泰君安	601211.SH	金融
长城汽车	601633.SH	非日常生活消费品	上海医药	601607.SH	医疗保健
中国中车	601766.SH	工业	天虹股份	002419.SZ	非日常生活消费品
深高速	600548.SH	工业	中色股份	000758.SZ	原材料
联化科技	002250.SZ	原材料	招商银行	600036.SH	金融
上海家化	600315.SH	日常消费品	锡业股份	000960.SZ	原材料
深圳能源	000027.SZ	公用事业	申通快递	002468.SZ	工业
航天晨光	600501.SH	工业	江山股份	600389.SH	原材料
安琪酵母	600298.SH	日常消费品	海康威视	002415.SZ	信息技术
广汇能源	600256.SH	能源	金禾实业	002597.SZ	原材料
国药股份	600511.SH	医疗保健	新疆众和	600888.SH	原材料
杰赛科技	002544.SZ	信息技术	生益科技	600183.SH	信息技术
德美化工	002054.SZ	原材料	兴发集团	600141.SH	原材料
安阳钢铁	600569.SH	原材料	华新水泥	600801.SH	原材料
中储股份	600787.SH	工业	歌尔股份	002241.SZ	信息技术
云铝股份	000807.SZ	原材料	新华文轩	601811.SH	非日常生活消费品

第二章 公正财富评级结果

北方导航 600435.SH		工业	中远海特 600428.SH		工业
浦东金桥 600639.SH		房地产	贵研铂业 600459.SH		原材料
四川成渝 601107.SH		工业	陕西煤业 601225.SH		能源
铁龙物流 600125.SH		工业	山东钢铁 600022.SH		原材料
鲁泰A 000726.SZ		非日常生活消费品	青岛啤酒 600600.SH		日常消费品
山推股份 000680.SZ		工业	龙溪股份 600592.SH		工业
大众公用 600635.SH		公用事业	中国巨石 600176.SH		原材料
上海电力 600021.SH		公用事业	伊力特 600197.SH		日常消费品
包钢股份 600010.SH		原材料	迪马股份 600565.SH		房地产
冠豪高新 600433.SH		原材料	豫光金铅 600531.SH		原材料
西山煤电 000983.SZ		能源	塔牌集团 002233.SZ		原材料
亚邦股份 603188.SH		原材料	特变电工 600089.SH		工业
文山电力 600995.SH		公用事业	英力特 000635.SZ		原材料
昊华能源 601101.SH		能源	太阳电缆 002300.SZ		工业
深科技 000021.SZ		信息技术	海信家电 000921.SZ		日常生活消费品
中国宝安 000009.SZ		工业	盐湖股份 000792.SZ		原材料

第一节 荣誉星级企业名单——一星级

企业	行业	企业	行业
顺鑫农业 000860.SZ	日常消费品	新兴铸管 000778.SZ	原材料
交通银行 601328.SH	金融	新集能源 601918.SH	能源
青山纸业 600103.SH	原材料	新华制药 000756.SZ	医疗保健
广深铁路 601333.SH	工业	圣济堂 600227.SH	原材料
福耀玻璃 600660.SH	非日常生活消费品	宁波银行 002142.SZ	金融
通策医疗 600763.SH	医疗保健	中航沈飞 600760.SH	工业
上海能源 600508.SH	能源	新世界 600628.SH	非日常生活消费品
中新药业 600329.SH	医疗保健	美利云 000815.SZ	原材料
福能股份 600483.SH	公用事业	贵航股份 600523.SH	非日常生活消费品
中设集团 603018.SH	工业	华电能源 600726.SH	公用事业
洋河股份 002304.SZ	日常消费品	新华保险 601336.SH	金融
万向钱潮 000559.SZ	非日常生活消费品	中国银行 601988.SH	金融
冀东水泥 000401.SZ	原材料	江南水务 601199.SH	公用事业
百隆东方 601339.SH	非日常生活消费品	潞安环能 601699.SH	能源
豫园股份 600655.SH	非日常生活消费品	阿里巴巴 BABA.N	非日常生活消费品
航天发展 000547.SZ	信息技术	永辉超市 601933.SH	日常消费品

第二章 公正财富评级结果

第二节 荣誉星级企业名单——二星级

中国联通 600050.SH	通信服务	中国建筑 601668.SH	工业
广州发展 600098.SH	公用事业	太钢不锈 000825.SZ	原材料
中国石化 600028.SH	能源	伊利股份 600887.SH	日常消费品
鞍钢股份 000898.SZ	原材料	深天马A 000050.SZ	信息技术
中国平安 601318.SH	金融	山东黄金 600547.SH	原材料
中国神华 601088.SH	能源	紫金矿业 601899.SH	原材料
南京熊猫 600775.SH	信息技术	现代制药 600420.SH	医疗保健
海正药业 600267.SH	医疗保健	华润双鹤 600062.SH	医疗保健
中国太保 601601.SH	金融	兖州煤业 600188.SH	能源
中国铝业 601600.SH	原材料	浙江医药 600216.SH	医疗保健
白云山 600332.SH	医疗保健	金风科技 002202.SZ	工业
龙蟒佰利 002601.SZ	原材料	丽珠集团 000513.SZ	医疗保健
华友钴业 603799.SH	原材料	兴蓉环境 000598.SZ	公用事业

第二节 荣誉星级企业名单——二星级

赣锋锂业 002460.SZ		原材料	健康元 600380.SH		医疗保健
中国石油 601857.SH		能源	中化国际 600500.SH		工业
攀钢钒钛 000629.SZ		原材料	新希望 000876.SZ		日常消费品
中信银行 601998.SH		金融	柳工 000528.SZ		工业
浦东建设 600284.SH		工业	建设银行 601939.SH		金融
华润三九 000999.SZ		医疗保健	东方证券 600958.SH		金融
五粮液 000858.SZ		日常消费品	万科A 000002.SZ		房地产
云南铜业 000878.SZ		原材料	东阿阿胶 000423.SZ		医疗保健
华电国际 600027.SH		公用事业	首创股份 600008.SH		公用事业
广发证券 000776.SZ		金融	中国中冶 601618.SH		工业
柳钢股份 601003.SH		原材料	驰宏锌锗 600497.SH		原材料
氯碱化工 600618.SH		原材料	中国交建 601800.SH		工业
葛洲坝 600068.SH		工业	中煤能源 601898.SH		能源
科伦药业 002422.SZ		医疗保健	三钢闽光 002110.SZ		原材料
格林美 002340.SZ		原材料	东江环保 002672.SZ		工业

13

第二章　公正财富评级结果

| 景兴纸业 002067.SZ | 原材料 | 金隅集团 601992.SH | 原材料 |

| 工商银行 601398.SH | 金融 | 华东医药 000963.SZ | 医疗保健 |

| 隧道股份 600820.SH | 工业 | 国金证券 600109.SH | 金融 |

| 航发动力 600893.SH | 工业 | 光大银行 601818.SH | 金融 |

| 国电电力 600795.SH | 公用事业 | 宁沪高速 600377.SH | 工业 |

| 北辰实业 601588.SH | 房地产 | 南钢股份 600282.SH | 原材料 |

| 北化股份 002246.SZ | 原材料 | 长江电力 600900.SH | 公用事业 |

| 中国中铁 601390.SH | 工业 | 中海油服 601808.SH | 能源 |

| 宝钢股份 600019.SH | 原材料 | 中国天楹 000035.SZ | 工业 |

| 中国铁建 601186.SH | 工业 | 兰花科创 600123.SH | 能源 |

| 冀中能源 000937.SZ | 能源 | 九州通 600998.SH | 医疗保健 |

| 兴业银行 601166.SH | 金融 | 亚宝药业 600351.SH | 医疗保健 |

| 隆基股份 601012.SH | 信息技术 | 中集集团 000039.SZ | 工业 |

| 鸿博股份 002229.SZ | 工业 | 华东电脑 600850.SH | 信息技术 |

| 中远海控 601919.SH | 工业 | 陆家嘴 600663.SH | 房地产 |

第三节　荣誉星级企业名单——三星级

代码	名称	行业	代码	名称	行业
上海贝岭 600171.SH		信息技术	海立股份 600619.SH		工业
外高桥 600648.SH		工业	中国化学 601117.SH		工业
华域汽车 600741.SH		非日常生活消费品	云煤能源 600792.SH		原材料
上海石化 600688.SH		原材料	徐工机械 000425.SZ		工业
洛阳钼业 603993.SH		原材料	华峰氨纶 002064.SZ		原材料
西部矿业 601168.SH		原材料	杭齿前进 601177.SH		工业
皖通高速 600012.SH		工业	中国人寿 601628.SH		金融
紫江企业 600210.SH		原材料	大唐发电 601991.SH		公用事业

第三节　荣誉星级企业名单——三星级

代码	名称	行业
环旭电子 601231.SH		信息技术
复星医药 600196.SH		医疗保健
京东方A 000725.SZ		信息技术
TCL集团 000100.SZ		非日常生活消费品
比亚迪 002594.SZ		非日常生活消费品
康弘药业 002773.SZ		医疗保健

		工业
郑煤机 601717.SH	郑煤机集团	工业
广汽集团 601238.SH	 广汽集团	非日常生活消费品
中船防务 600685.SH	 中船海洋与防务装备股份有限公司	工业

第四节　荣誉星级企业名单——四星级

未有企业入选。

第五节　荣誉星级企业名单——五星级

未有企业入选。

第六节　负面事件企业名单

本年无企业因负面事件入选。

如在评选中出现企业符合公正财富评级要求，但是由于重大负面事件未进入的会于此进行说明，负面企业实行一票否决制，与其公正财富表现无关，由专家委员会投票决定。负面事件的认定请参考本书第六章公正财富理论及方法第四节公正财富评级的相关内容。

第七节　数据声明

公正财富评级所使用的数据本着透明公正的原则，全部使用了从公开渠道收集的数据。公开渠道是指公众可以自由获取的数据渠道，包括但不限于年报、社会责任报告、官网等。

公正财富评级依据且仅依据这些数据，并在使用的过程中依据尽责的要求尽最大可能保证数据真实准确，但是公正财富评级本身不会对原始数据的真实性进行进一步的考察、核对及分析，因原始数据存在瑕疵或问题而可能影响评级结果的，对评级结果来说：

（1）根据实际情况调整评级结果；

（2）不因该情况影响公正财富评级的有效性和真实性。

第三章
公正财富结果分析

在评级过程中,我们收集积累了大量的企业数据,在本章中,我们将通过对这些数据的分析,希望能够了解整个社会的公正财富现状,比较公正财富在不同行业、不同地区间的差异与特点,以及三年来的发展趋势,并分享 9 家优秀企业的表现情况。

第一节 公正财富评级结果分析

1. 评级分析结果概要

总体看来,本年度企业运行相对平稳,在参与评级的企业总数保持稳定的前提下,星级企业的数量从上一年度的 170 家增长到 233 家,所有行业星级企业占参评企业的比例均有所上升,并且星级企业的总体得分相较去年稳中有升。这说明在过去的一年中,越来越多的企业达到了较优秀的标准。遗憾的是,本次评级依然未出现四星和五星企业,相比那些在国际上处于领先地位的企业,国内企业还存在较大的差距,还未能达到行业顶尖的水准。

从星级企业分布来看,二星和三星企业的占比从 2018 年度的 37.65% 和 2.35% 上升到 41.63% 和 6%。并且,星级企业的行业分布也更平均,在 11 个行业大类中，所有行业都出现了二星企业，在 8 个行业中出现了三星企业。而在 2018 年度的评级中，只有工业、医疗保健和信息技术三个行业中有企业获评三星，可见国内各行业的领先企业在过去一年中都在拓展自身优势的基础上弥补了不足。尤其是在天下为家、弱势不弱和登天有道三个维度上，各行业中获评二星以上的企业都有了显著的提升，可见企业对这些方面的重视，进一步提升了自身素质。从企业属性来看，国有企业依然是各行业发展的排头兵，14 家三星企业中有 8 家来自国有企业阵营，民营企业中也不乏异军突起者，三星企业的数量比去年增加 2 家。

本次评级分析中，我们根据企业所在地区、所处行业、上市时间和企业所有制等多项标准对企业进行分类，分析不同类型的企业数量、星级分布和各属性得分等情况，以及这些情况相较上一年度的变化。在本章中，我们选取了四个主分类要素，并依据主分类要素挑选了对应的第二分类要素及分析目标（见表 3-1），在最后回顾了三年的公正财富评级情况，构成本章的分析内容。

表 3-1 分类要素与分析目标

主分类要素	第二分类要素	分析目标
所在地	年度	企业总数
		星级企业数量、占比
		属性得分
行业板块	年度	企业总数
		星级企业数量、占比
		属性得分
所有制	年度	企业总数
		星级企业数量、占比

第三章 公正财富结果分析

(续表)

主分类要素	第二分类要素	分析目标
上市时间	年度	企业总数
		星级企业数量、占比

2. 企业所在地维度分析

2.1 样本在该维度下的基本信息

从各省市上市企业总量来看，北京、上海、广东、江苏、浙江五地，占据了上市企业总量的51.1%（参见图3-1），依然处于第一集团，但第一集团内部的排名稍有变化，江苏超越北京和上海，跻身前三（参见图3-2）。

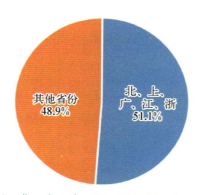

图3-1 北、上、广、江、浙上市企业占比情况

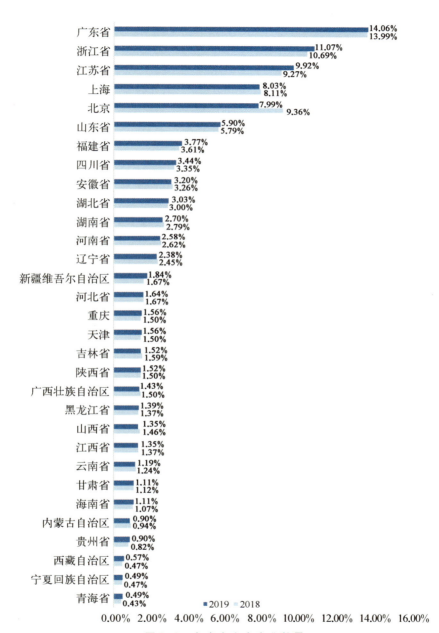

图 3-2 各省市上市企业数量

第三章　公正财富结果分析

2.2　公正财富地域特色

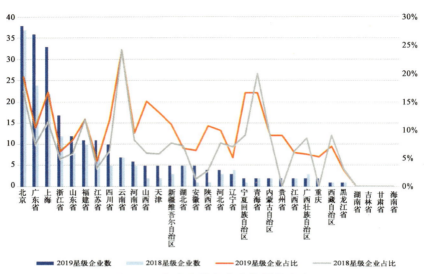

图 3-3　各省市星级企业数量及占比

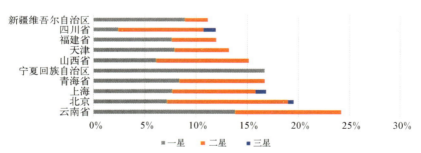

图 3-4　星级企业占比排名前十的省市各星级企业分布

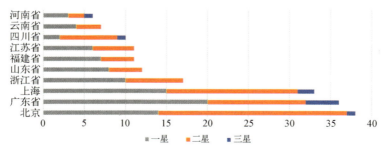

图 3-5　星级企业数量排名前十的省市各星级企业分布

第一节 公正财富评级结果分析

标准分数是一种可以看出某分数在分布中相对位置的方法，能够真实反映一个分数距离平均数的相对标准距离。正标准分越高，表示其在这个分数分布中的相对位置越高。各省市标准分数情况如图3-6所示，颜色越趋向绿色，标准分数越高；反之，则标准分数越低。

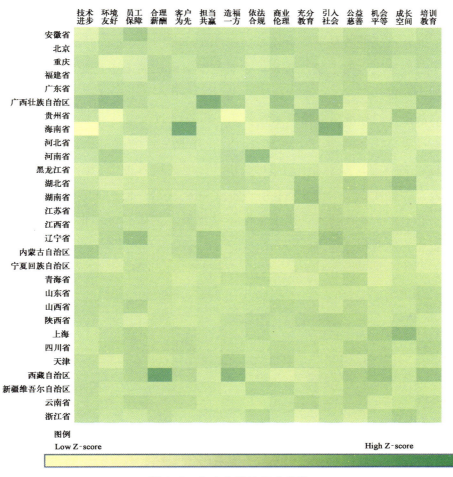

图3-6 各省市属性标准分数

北上广三地稳定发展

从上市企业的地区分布看，北上广三地依然处于企业总数的第一集团，并占据了全国最多的星级企业（其中，北京38家、广东省36家、上海33家）。

与2018年相比，北上广三地的星级企业数量均有增长。其中，上海增长明显，从2018年的22家增长到33家，星级企业数量占本省市企业的比例从12%上升到16.8%，跻身全国前三，仅次于云南和北京。另外，北京的上市企业总数虽然减少，但是其仍是拥有最多星级企业的省市。北京市企业数量下降主要是由于2019年的评级企业相比2018年减少了已在美上市的企业，而去年企业范围中的在美上市企业绝大多数所在地为北京。

从指标的标准得分情况来看，北上广三个省市中，有80%的指标为正，高于全国平均水平，相比2018年有了一定的提升，但依然低于2017年的水平。虽然相比于2018年，三地在技术进步、环境友好、充分教育等属性在平均得分上有所进步（如图3-7），但相比其他省份的企业，北上广企业在技术进步上依然不够优秀。总体而言，北上广三个地区企业的发展相对稳定。

图3-7 北上广三项平均得分

中西部地区的省市间差异较大

中西部地区各省市表现差异较大。一方面，星级企业占比排行前十的省市中，有 6 个省市来自中西部地区，分别是云南、青海、宁夏、山西、四川和新疆。云南省、青海省和宁夏回族自治区虽然受到其自身上市公司数量的限制，在星级企业数量上表现一般（云南省 7 家、青海省 2 家、宁夏回族自治区 2 家），但是这三地星级企业数占比都位于全国前五。其中，云南省以 24% 的比例位列全国之首。这三地的星级企业都属中央政府或地方政府管理，立足当地优势自然资源，从事矿产资源开发或原材料生产，尽到了作为当地产业支柱的重要企业应尽的社会责任。

此外，四川则新增了 5 家星级企业，成为全国星级企业数量增长最快的几个省区之一。河南省尽管在星级企业数量上没有很大提升，但出现了一家三星级企业，成为中西部地区唯一有三星企业的省份。另一方面，湖南、贵州等地区则相反，全省没有一家企业入选公正财富星级，表现较为一般。

从标准分数来看，四川、内蒙古、西藏表现突出，有超过 60% 的属性高出全国平均水平。四川省企业各项属性表现均衡，在公益慈善和培训教育两个属性上表现比较出色；内蒙古自治区企业在技术进步、担当共赢上表现优秀；西藏自治区则在合理薪酬和造福一方两方面显著优于全国其他地区。但是，考虑到此处纳入统计的企业中内蒙古和西藏的企业数量较少，仅分别为 3 家和 1 家，所以这一得分表现在地区代表性上有所欠缺。其他有半数以上属性高于全国平均水平的省市还有广西、山西、江西、新疆等地，其余省市的得分普遍较低，低于全国平均水准。

与 2018 年相比，中西部地区的星级企业数量有所上升，但在各项属性得分上并没有呈现出显著变化。

江浙两省表现一般

浙江省和江苏省分别有 270 家和 242 家上市企业，企业总数位居全

第三章 公正财富结果分析

国第二位和第三位,其中各有星级企业 17 家和 11 家。从标准分数来看,两省均有超半数的属性得分低于全国平均水准,说明这两个省份在属性得分方面整体劣于平均水平,距东部地区表现优秀的省份,如北上广三地,仍存在明显差距。尤其在充分教育和公益慈善两个领域,两省的表现仍须努力。

与 2018 年相比,尽管两地星级企业的数量有所增长(2018 年为浙江省 12 家、江苏省 7 家),但星级企业占本地企业比例依然排名靠后,分别为 6.3% 和 4.5%。从各星级企业的数量变化来看,数量的增长主要集中在二星企业,遗憾的是两地依然没有出现三星企业。在属性得分方面,2018 年的弱项——环境友好在 2019 年稍有改善,但标准分数依然为负,低于全国平均水平。

传统工业区东北三省表现退步

黑龙江省、吉林省和辽宁省分别拥有上市企业 34 家、37 家和 58 家,在企业数量上处于全国的中游水平。但是,在星级企业数量上仅有来自黑龙江的 1 家一星企业和辽宁的 3 家一星企业,吉林省则并没有企业入围评级资格,且没有出现 1 家三星企业。从星级企业的数量和占比来看,在全国各省区中处于下游。

相比 2018 年度,黑、吉、辽三省的上市企业总量和星级企业数量均有所下降,三地企业总量从 135 家减少至 129 家,星级企业数量从 5 家减少至 4 家,从企业的数量和表现上看都不甚理想。

从标准分数来看,辽宁省表现相对较好,有 67% 的属性得到了全国平均水平以上的分数,而黑龙江在员工保障、公益慈善等多项属性上均明显低于平均水平,相较 2018 年度有所滑落。这 4 家星级企业均为中央国有企业,但是相比云南、青海、宁夏等地获得星级的国有企业,这些企业的表现仍有差距。

3. GICS 行业板块维度分析

3.1 样本企业该维度下的基本信息

本次评级的行业分类采用有标准普尔（S&P）与摩根士丹利公司（MSCI）联合推出的全国行业分类系统（Global Industry Classification Standard，GICS）。该标准提供了一个全面的、全球统一的经济板块和行业定义，作为一个行业分类系统，GICS 已经在世界范围内得到广泛的认可，对全球范围经济板块和行业的研究更具可比性。

从各行业板块上市企业总量来看，工业、非日常生活消费品、原材料等第二产业相关行业板块依然构成了第一集团，占全部上市企业的近60%；金融、通信服务等第三产业相关行业占比较小；能源行业由于其行业特殊性，对于私人资本的进入存在较高的准入门槛，因此该行业企业数量较少，且几乎都属国有企业。总体来看，上市企业的行业分布情况较上一年没有明显变化（见图3-8）。

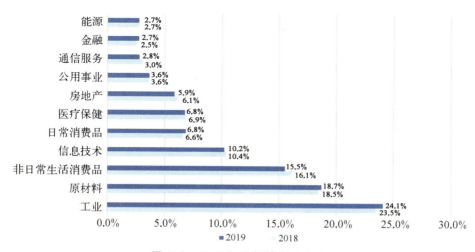

图 3-8　GICS 行业板块企业占比

第三章 公正财富结果分析

图 3-9 GICS 行业板块星级企业数量及占比

3.2 公正财富行业特色

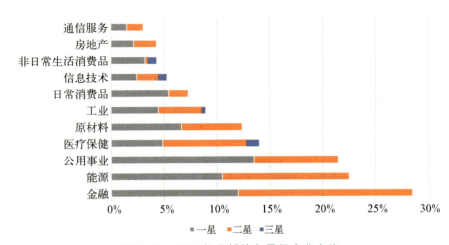

图 3-10 GICS 行业板块各星级企业占比

第一节　公正财富评级结果分析

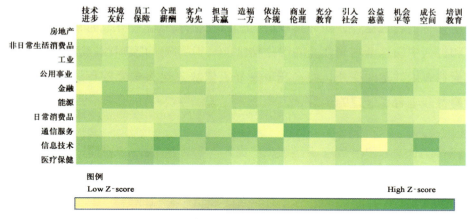

图 3-11　各 GICS 行业属性标准得分

金融、能源行业表现较好

参与 2019 年评级的所有企业中，金融行业和能源行业分别有 67 家。其中金融行业拥有星级企业 19 家，能源行业则拥有 15 家，虽然这两个行业内星级企业的绝对数量较工业、原材料等行业较少，但星级企业数量占行业比例领先其他板块行业，分别以 28% 和 22% 的星级企业占比在所有行业中位列第一名、第二名。与 2018 年度相比，在星级企业的绝对数量和占行业总体比例上都有着较大增长，依然是发展最快的两个行业板块。

从标准分数来看，2019 年金融行业在环境友好、公益慈善、机会平等等方面表现较好，而技术进步上的表现与其他行业差距很大，这说明技术因素在当前国内金融行业的发展中没有受到足够的重视，需要转变发展理念、依托创新驱动寻找行业的发展新动力。能源行业在环境友好和员工保障两方面的表现尤为突出，可见能源行业在环境保护和生产安全方面有较多投入，但是该行业在引入社会和合理薪酬两个属性上排名靠后，应对此多加关注。

第三章　公正财富结果分析

结合 2018 年度的标准分数来看，金融行业相比上一年度在多项属性上都有了较大提升，如环境友好、引入社会和公益慈善，而在商业伦理和机会平等这两项属性上的得分相比上一年下降。能源行业相比 2018 年虽然有了一定的提升，但在环境友好、依法合规和充分教育这几项属性的得分上有了一定的倒退。

信息技术和通信服务行业表现优异

信息技术和通信服务两类行业的内部差异都非常明显。这两个行业的星级企业占比排名都处在下游位置，通信服务行业的 68 家企业中仅有 2 家星级企业，而信息技术行业的 250 家企业中仅有 13 家星级企业。但是，从行业中通过评级筛选的企业表现来看，它们处于领先地位。

与 2018 年度相比，通信服务行业的总体情况和得分都没有发生太大变化，仅在依法合规、员工保障和技术进步这三个方面得分有所下滑。信息技术行业的企业总数仅有略微增加，但是星级企业的数量增加了 6 家，几乎翻了一倍，其中还增加了 1 家三星企业，成为三星企业占比最高的行业。在标准得分上，信息技术行业在合理薪酬和担当共赢两项属性较上一年有了较大进步，而在造福一方上的倒退较为明显。总体而言，信息技术和通信服务两个行业的企业在总体得分上处于所有企业中的领先地位。

工业、非日常消费品行业表现欠佳

工业和非日常消费品行业占据了企业数量的第一集团，企业数量占比大，工业行业今年共有 588 家企业，非日常消费品行业则有 379 家。但是，这两个行业中星级企业数量占比偏低，工业行业中获得星级的有 52 家，而非日常消费品行业中有 16 家，分别以 9% 和 4% 分列所有行业第 6 位和第 9 位，与 2018 年度相比没有明显变化。

从标准分数看来，这两个行业皆表现低迷，两个行业在超过 80% 的属性上都低于所有行业的平均水平。与 2018 年度相比，这些行业在多项指标上都呈现出退步趋势。以工业行业为例，在环境友好和培训教育方面，三年来第一次出现了标准分为负的情况，这说明在过去一年中该行业企业对环境信息的披露没有予以应有的重视。在非日常消费品行业中，相比于 2018 年度，该行业有了一定的进步，但是依然低于 2017 年的水平。而且，该行业在部分属性上的表现持续走低，例如在担当共赢属性上也是在三年来第一次出现标准分为负的情形。

原材料、公用事业星级企业数量多，标准分数表现一般

原材料行业今年拥有上市企业总数 457 家，其中 56 家获评星级企业，星级企业数量位于全行业之首。同 2018 年相比，原材料的星级企业数量增长了 21 家，从 35 家增长到 56 家，占比从 8％上升至 12％。原材料行业星级企业数量及占比相比 2018 年增长较多，一些 2018 年没有获得星级的企业在 2019 年都获得了一星或二星的成绩。从属性得分来看，环境友好这一项的得分在三年来持续上升，但总体而言，其他指标相比于 2018 年度都有所下滑。在 2019 年评级中，多项指标在所有行业板块中处于平均水平以下的位置。

公用事业行业的上市企业总数为 89 家，共有星级企业 19 家，星级企业数量占行业总体从去年的 19％变为了 21％，在全部行业板块中处领先水平。但是，同样在标准分数上表现不佳，在客户为先和担当共赢方面表现较差，仅在合理薪酬和机会平等方面有所提升。

房地产行业星级企业数量少，标准分数表现较好

2019 年房地产行业的企业总数为 143 家，其中只有 6 家星级企业，星级企业数量为所有行业之末。从星级企业的数量和占比来看，房地产行业相比 2018 年没有明显的变化，但是星级企业的质量和行业表现较上年都有提高。在 2018 年度的评级中，只有 5 家企业被评为一星企业，并

无二星和三星企业，而在 2019 年的评级中共出现了 3 家二星企业。

从属性得分方面来看，房地产行业在技术进步和环境友好方面表现较差，而在担当共赢、依法合规和培训教育三个属性上的表现都十分优异，房地产行业在传统弱势的商业伦理方面也有了较大提升，标准分数三年来第一次高于其他行业平均水准。

医疗保健行业稳定在全行业板块上游

医疗保健行业在总体上与 2018 年相比保持稳定，2019 年度共有 165 家企业，获得星级的企业有 23 家，在行业企业数量无明显增加的情况下新出现了 5 家星级企业，星级企业占比达到 14%，位于所有行业板块的第四位。

从标准分数情况来看，医疗保健行业较上一年也没有明显变动，依然在技术进步、环境友好、员工保障、培训教育等多个属性上处于领先地位，且前三项属性得分呈逐年上升趋势。

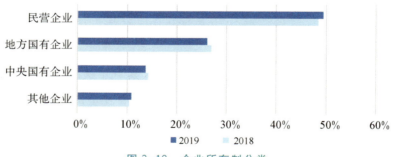

图 3-12　企业所有制分类

4. 企业公司所有制维度分析

4.1　样本企业该维度下的基本信息

按照企业的所有制性质，将样本中所有企业划分为中央国有企业、地方国有企业、民营企业和其他企业四类，其他企业包括外资企业、公众企业、集体企业及其他类型企业。与2018年相比，民营企业增长最快，占全部企业比例进一步提升。总体而言，上市企业的所有制分布没有明显变化。

图 3-13　企业所有制星级企业数量及占比

图 3-14　企业所有制各星级企业占比

4.2　公正财富企业所有制特点

国有企业表现稳定，依然处于领先水平

中央国有企业和地方国有企业分别占据全部企业数量的14%和27%，其中星级企业的数量分别达到78家和82家，占全部星级企业的70%。国有企业综合实力依然处于领先地位。

从属性的得分上来看，国有企业在多项指标上较上一年度都有所增长，综合实力较上一年有了一定的提升，在环境友好方面，中央国有企业和地方国有企业都有较大改进，在总体中处于领先水平，在培训教育、员工保障等方面则进一步扩大了自身的优势。与此同时，国有企业也存在一定的不足，例如在技术进步方面，中央国有企业、地方国有企业和民营企业的差距被进一步拉开，而在成长空间这一指标上，国有企业虽然有所增长，但依然落后于另外两种所有制形式的企业。

民营企业总体表现偏弱，但先进企业优势明显

在共计 1 206 家民营企业中，入选星级企业的只有 39 家，较上一年的 22 家有了较大进步，但相对于庞大的基数而言，星级企业占比依然很低，民营企业总体表现偏弱。但是，在这 39 家星级企业中，却有 3 家企业获评三星企业，其中，2 家来自医疗保健行业，1 家来自非日常生活消费品行业。民营企业阵营中已涌现出一批不输国有企业的行业尖端企业。

从属性得分来看，总体而言民营企业的表现相对处于弱势地位，但入选星级企业的民营企业在技术进步和环境友好方面表现喜人，尤其是在技术进步这一属性上，与其他三种所有制企业相比都有较大优势，值得其他三种所有制企业学习。

5. 企业上市时间维度分析

5.1 样本企业该维度下基本信息

在企业上市时间这一维度下，根据企业的上市年份，以 5 年为一个跨度，将企业上市时间分为未满 5 年、满 5 年未满 10 年、满 10 年未满 15 年以及 15 年以上四个类型。从企业的上市时间分布上来看，上市时间超过 15 年的企业依然处于第一集团，占据了一半以上的企业数量，而上市未满 5 年的企业也有所增加，市场上涌现了一批新生企业，但总体变化较小。

第一节　公正财富评级结果分析

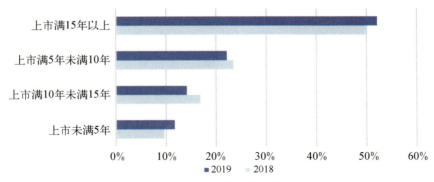

图3-15　样本企业上市时间分类

5.2　公正财富上市时间特点

图3-16　按上市时间划分的星级企业数量及占比

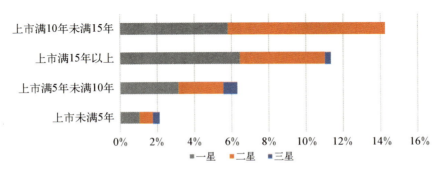

图3-17　按上市时间划分的各星级企业占比

35

从企业的星级状况上来看，上市时间满 15 年星级企业较 2018 年度有了明显的增长，从 99 家增加到 144 家。但从星级企业的数量占比情况来看，上市满 10 年未满 15 年的企业整体表现最好，344 家企业中星级企业的占比达到 14%，在所有上市企业时间分类中比例最高。另外，两种上市时间类型的企业也增加了新的星级企业，但总体而言，年轻企业的表现依然相对弱势。

从通过评级企业的属性得分情况来看，上市未满 5 年的企业中不乏佼佼者，在合理薪酬、员工保障、担当共赢、造福一方、机会平等、成长空间等多项指标上处领先地位。而资历最老的一批企业却在属性得分上显得动力不足，在除技术进步、依法合规以外的多项指标上落后其他三种企业类型。

6. 公正财富评级结果三年回顾

回顾 2017 年度、2018 年度和 2019 年度公正财富评级中收集的企业信息，可以看到三年来企业和星级企业数量的发展变化，以及企业在属性得分上的变动趋势。

6.1 企业数量和星级企业情况变化

三年来，进入公正财富评级筛选范围的企业数量显著增长，最明显的变化体现在 2017—2018 年企业总数从 1 433 家上升至 2 330 家，增加了 897 家。2019 年增幅较小，上涨至 2 501 家。

同时，各年份星级企业的数量也节节攀升，从 2017 年 111 家增至 2018 年 170 家，现在本年度为 233 家。2017—2018 年的星级企业数量上升可能得益于总体企业数量的增加，而 2019 年度在企业总数相比上年未明显扩大的情况下，新增了 63 家星级企业，且星级企业占所有企业数量的比例为 9.55%，是三年来最高的星级企业比例，可见 2019 年的企业表现最为优秀。

在星级企业的分布上：一星企业占企业数量的比例保持稳定；二星企业比例逐年上升，从 2017 年的 1.54％升至 2019 年的 4.18％，新增的二星企业多为 2018 年并未获得评级的企业；三星企业的数量和占比也在 2019 年达到了三年中的最高。

从企业所处省份区分来看，与企业总数的变化情况相同，较多地区的企业数量都在 2017—2018 年明显上升，在 2018—2019 年保持稳定或略有上升。湖南省和吉林省在三年评级中都未有企业上榜，重庆则在 2019 年首次拥有 1 家获得星级的企业。广东省的星级企业表现进步明显，在 2017—2018 年，广东省的一星企业和二星企业分别增加了 5 家和 6 家，在 2018—2019 年，广东省在保持一星和二星企业数量增长的同时，还增加了 4 家三星企业。上海在所有地区中也表现优异，三年都保持了 2 家三星企业的上榜，同时一星和二星企业的数量稳定上升。

6.2 属性得分变化

从所有企业的平均得分来看，三年以来企业总体在 1/3 的属性上都有进步，比较突出的是环境友好和充分教育两个属性，可以看出企业对环境保护和推动社会教育状况的持续努力。然而，客户为先、造福一方和商业伦理这三项属性的总体均分持续下降，虽然下降幅度不大，但仍应引起重视。其他属性上，企业的总体均分仅产生小范围波动，保持稳定。

在结合属性的标准得分进行比较时，发现一些行业原本标准得分高的属性，在下一年却退步了，所以其虽然标准分数仍为正，但是在平均得分上却有所下滑。在这方面，企业应该保持住对自身的要求和目标，不应松懈。另外，也会出现行业中虽然平均得分升高，但是标准分数下降的情况，这说明虽然企业自身正在保持发展，但是发展速度可能被其他企业所赶超。所以，企业在发展中不应仅着眼于自身，更应关注外部的发展环境，并对发展战略进行及时的调整，以保持自身的地位和优势，获得进一步的发展。

第三章 公正财富结果分析

第二节 优秀企业案例

2019年,我们依旧选择评级中表现最为优异的9家获得三星级评级的企业作为案例进行展示。

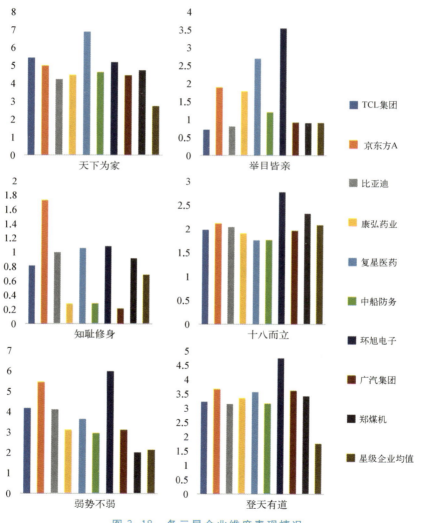

图 3-18 各三星企业维度表现情况

第二节 优秀企业案例

整体来看，三星级企业呈现出一个大致相似的得分模式。与星级企业平均水平相比，这 9 家企业在登天有道、天下为家这两个维度中表现较好，都大幅领先于平均水平；而在弱势不弱这一维度，也只有郑煤机略低于平均水平；但在举目皆亲、知耻修身、十八而立这三个维度中，都有 3~5 家企业与平均水平有明显差距。与往年结果对比，可以看出，三星企业在数量增加的同时，并没有做到往各方面都均衡发展，而是出现了比较明显的"短板"问题。从细分项来看，主要是在引入社会、合法依规、造福一方上的数据披露较为欠缺。

1. 环旭电子

从二星企业到三星企业，环旭电子在 2019 年实现了飞跃，除了在知耻修身维度有所退步以外，其他维度均有大幅度进步，在举目皆亲的所有细分项中均为同业、所有星级企业前 1% 水平，在机会平等、成长空间、环境友好上也表现突出。

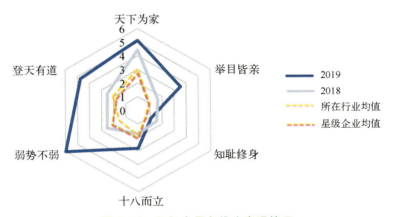

图 3-19 环旭电子各维度表现情况

作为全球知名 D (MS)^2 厂商，环旭电子十分重视产品质量与客户服务，有完善的质量检测体系、售后服务以及客户隐私保护体系，并持续调查主要客户满意度。

第三章　公正财富结果分析

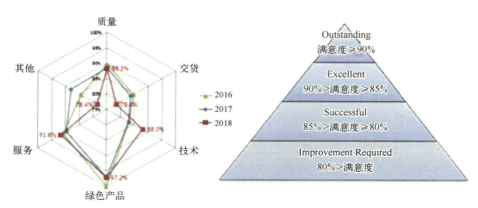

图 3-20　《环旭电子股份有限公司 2018 企业社会责任报告书》部分内容一

此外，虽然温室气体排查结果尚在审查阶段，但环旭电子给出了十分详尽的污水、废弃物、空气污染物的排放数据。对于绿色产品规划、绿色供应链、清洁生产、绿色教育课程和绿色投入，该报告也都进行了详细的说明（见图 3-20 和图 3-21）。

图 3-21　《环旭电子股份有限公司 2018 企业社会责任报告书》部分内容二

40

另外，环旭电子在其社会责任报告中提出了未来五年在公司治理、环境与绿色创新、绿色供应链、员工照顾与发展、社会参与方面的详细目标及目前推进情况。

2. 复星医药

复星医药是连续三年都被评为公正财富三星企业的两家企业之一。与去年相比，复星医药在大部分指标上都延续了一贯的优秀表现，如技术进步、环境友好、客户为先、员工保障等方面都是同业和星级企业的领头羊，但在举目皆亲、知耻修身、十八而立这三个大维度总得分却有所退步。

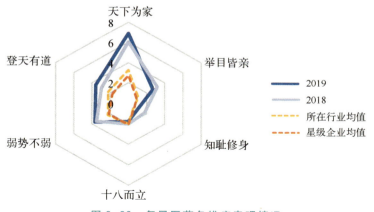

图 3-22　复星医药各维度表现情况

从具体指标来看，复星医药在产品质量控制、供应链可持续管理、污染物排放与控制、资源使用、环保投入、职业健康、员工培训、公益扶贫方面做了十分详尽的披露，甚至细分到各板块所消耗的资源、产生的污染、进行的培训等。从标准上看，复星医药不仅严格遵照国家法规，还积极向国际指标看齐，如员工安全健康绩效参照了 OSHA 标准对事故定级。

2018 年复星医药集团部分制药成员企业供应商管理情况

成员企业	万邦医药	药友制药	桂林南药	锦州奥鸿	二叶制药	红旗制药
年度质量回顾供应商数量	553	262	241	60	106	94
年度业务涉及供应商数量	592	349	241	60	166	94
年度回顾供应商数量/年度业务涉及供应商数量	93.4%	75.1%	100.0%	100.0%	63.9%	100.0%

2018 年复星医药集团各板块固体污染物排放

单位：吨

板块	生活垃圾	工业固体废物（非危）	危险废物
药品制造与研发	2 191.8	77 610.9	2 018.6
医疗服务	3 061.5	13.2	648.6
医疗器械与医学诊断	161.1	74.9	16
合计	5 414.4	77 699	2 683.2

复星医药集团健康安全主要绩效情况

	2016	2017	2018
员工总数	16 235	23 534	25 233
百万工时重伤率	0.220	0.030	0.038
百万工时轻伤率	0.360	0.385	0.188
百万工时损工率	0.580	0.415	0.226
百万工时可记录事故率	1.050	0.915	0.433
职业危害因素暴露比例	14.89%	12.42%	12.34%
健康安全投入（万元）	3 155	3 919	3 843

注：1、事故统计分类参照 GB6441-86《企业职工伤亡事故分类标准》及国际 OSHA 标准对事故定级，本报告披露数据包括 OSHA 标准的损工事故、可记录事故（指医院开具处方药或以上事故）。
2、EHS 板块披露的员工总人数与员工板块披露的员工总人数统计口径不同，不包括本集团销售公司、平台公司等员工人数。

2018 年复星医药集团各板块培训情况

板块	总人次	总时长（小时）	人均时长（小时）	人均次数（次）
药品制造与研发	44 614	199 323	11.51	2.58
医疗服务	12 692	24 071	4.34	2.29
医疗器械与医学诊断	5 507	14 178	5.97	2.32
合计	62 813	237 572	9.42	2.49

图 3-23 《复星医药（集团）股份有限公司 2018 年度企业社会责任报告》部分内容一

另外，2019 年的社会责任报告详细介绍了复星医药集团 EHS 体系建设、文化建设、合规披露，可以看出其对 EHS 的重视程度。同时，复星医药有着非常具体的可持续发展战略与目标，近期的目标是继续提升供应链管理、确保合法合规以及提高产品和服务质量。

战略步骤

2018
- 推进 EHS 管理体系在成员企业的全面落地与实施
- 依托 FOPEX 体系，持续提升质量管理水平，推动重点国际化项目取得突破
- 持续完善采购管理体系，深化集中采购项目，与成员企业联动，进一步促进供应链的环境合规，改善供应链对环境的影响
- 与上海复星公益基金会进一步协作，助力本集团公益品牌的提升
- 根据复星医药 CSR 战略，建立医疗服务板块 CSR 体系并提升管理

2019 计划
- 提升资源利用效率，持续降低本集团碳排
- 依托 FOPEX 卓越运营管理体系，持续提升本集团质量管理、供应链管理，初步建立国际化运营管理能力
- 完善采购管理体系，推进成员企业在供应链环境合规的体系建设
- 与上海复星公益基金会协作，打造社会有影响力的公益项目
- 持续建立与完善医疗服务的 CSR 体系

战略措施

2018
- 以 EHS 体系内部审计为抓手，继续有序推进 EHS 管理体系在成员企业的落地。通过引入医院 EHS 管理体系和 PSM 体系，在适用成员企业完成 EHS 管理体系的迭代升级
- 加大年度质量体系审计力度和覆盖度，增加飞检频次，对重点国际化项目给予大力支持
- 推进采购管理制度与信息化建设，拓展集中采购项目品类，基于品类推进成员企业的供应商 EHS 现场审计工作，定期跟踪与督促供应商的改善情况
- 与上海复星公益基金会协同建立高效的公益体系，打造有影响力的公益项目

2019 计划
- 以 EHS 管理体系和精益管理工具为抓手，持续推进节能减排和改善安全健康管理绩效，实现集团 EHS 的不断优化
- 加强企业供应链精益管理，识别国际法规及技术指南并加强学习运用，持续年度质量体系审计及飞行检查，对重点国际化项目给予深度支持
- 进一步推进成员企业采购业务互联网化，迭代集中采购项目控制供应质量及成本支出，优化供应商 EHS 审计标准，协同成员企业提升供应商 EHS 管理能力
- 围绕重点治疗领域开展公益项目，提升复星医药在细分领域的品牌美誉度
- 完成医疗服务 CSR 领导小组和工作小组的任命；对标杆医院，逐步建立医疗服务 CSR 指标体系

图 3-24 《复星医药（集团）股份有限公司 2018 年度企业社会责任报告》部分内容二

3. 京东方 A

京东方 A 是另一家连续三年被评为公正财富三星企业的企业。而从 2019 年的数据表现来看，京东方 A 在所有维度上都有较为显著的进步，且没有相对较差的短板。

从具体指标来看，京东方 A 2019 年重视了对客户服务质量的披露，体现了其响应的快速、高效、全面、智能的特点；其高科技企业的特性决定了对供应商、供应链的重视度很高，其社会责任报告中详细披露了供应商的评级（可以看出数量质量都逐渐提升）、对供应商的环保和用工管理、本地化采购等信息，与公正财富评级中担当共赢、造福一方的理念相契合（见图 3-26 和图 3-27）。

第三章 公正财富结果分析

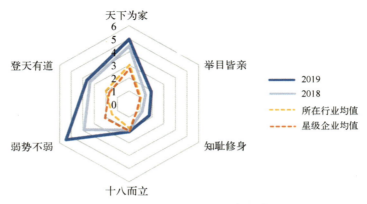

图 3-25 京东方 A 各维度表现情况

图 3-26 《2018 京东方（BOE）企业社会责任报告》部分内容一

值得一提的是，京东方 A 还特别强调了员工的本地化率、员工及管理层的男女比例、育儿休假、男女薪资比例等指标，充分体现了对性别平权的重视。

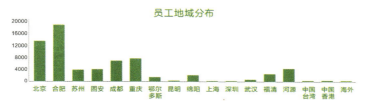

图 3-27　《2018 京东方（BOE）企业社会责任报告》部分内容二

4. TCL 集团

与 2018 年相比，TCL 集团在除了举目皆亲以外的其他五个维度上都有了长足的进步，评级也从二星上升到了三星。

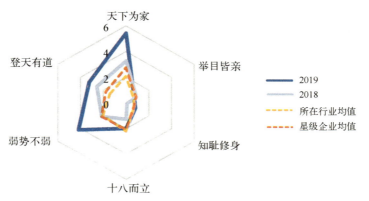

图 3-28　TCL 集团各维度表现情况

第三章　公正财富结果分析

作为一家转型为科技公司的家电公司，TCL 对于知识产权的保护和科技创新相当重视，在 2018 年成立了知识产权运营公司，帮助集团内部和其他中国企业应对国际知识产权风险，并得到了深圳市政府的支持。而在人才储备与培养方面，TCL 一方面积极走进海内外校园，另一方面进行产学合作，建设高科技人才培养基地。

> 校企合作

TCL 把人才当作企业的生命之源。集团发展至今已经连续 21 年开展大规模校园招聘活动，共引进约 3 万名优秀大学生。2018 年 TCL 前往 30 多个城市进行校园宣讲，提供近 2 500 个就业机会，并在全国 9 所高校建立了 TCL 创意俱乐部，为创意活动提供资金和方案支持。2018 年特别举办"TCL Open Day"活动，邀请高校老师与同学到 TCL 公司参观交流，增强校企互动，进一步树立雇主品牌，打造开放、包容、认同的合作文化。

TCL 集团"鹰眼"计划

2018 年 5 月，TCL 集团"鹰眼"计划启动，由集团人力资源部联合电子及通讯成立海外招聘项目组，到美国华盛顿大学、纽约大学、麻省理工学院等海外高校直聘人才，提供岗位丰富，涉及大数据、软件应用、海外 MBA、财务、海外销售、产品运营等。海外人才将通过集中培训、高管带教、轮岗培养、一线实操、项目挂职等方式加速成长。

图 3-29　《TCL 集团股份有限公司 2018 年年度企业社会责任报告》部分内容一

在环保节能方面，TCL 承担了回收家电的责任，建立了废弃家电回收公司，打造出独特的循环经济模式，并在 2018 年继续探索"互联网＋回收"模式。

打造"互联网＋回收"模式

十分到家是 TCL 集团孵化的上门家电服务公司，同时也是 TCL 集团主要售后服务公司，公司拥有覆盖全国的服务网络和智能调度的 IT 系统，提供各种家电维修，清洗，家居安装，手机维修回收，家电配送、安装、调试、保养、附件/延保的销售等各类服务。十分到家服务公司在上门安装维修家电的同时还特别推出了数码回收服务，通过网络回收数码产品。在大众点评，京东到家等平台十分到家分别获得了"用户好评率第一"和"订单增长率第一"的优良口碑。

图 3-30　《TCL 集团股份有限公司 2018 年年度企业社会责任报告》部分内容二

5. 比亚迪

比亚迪 2019 年也在各维度上取得了较为显著的进步，评级从二星上升到了三星。

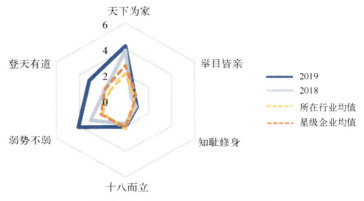

图 3-31　比亚迪各维度表现情况

作为一家近年来在新能源汽车领域表现亮眼的车企，比亚迪现在的定位也向高科技企业转型。遵纪守法、知识产权保护、反腐败和廉洁教育成为比亚迪置于其社会责任报告开篇的重要内容。该报告也花了不少篇幅介绍比亚迪的绿色运营、绿色生产及绿色产品，这都体现了比亚迪的 CSR 战略。

另外，值得一提的是，在比亚迪的各种慈善与扶贫活动中，教育是最重要的主题。

6. 康弘药业

康弘药业于 2019 年发布了第一份社会责任报告，并以优秀的姿态成为三星企业。但是，与在天下为家、登天有道、举目皆亲等维度上的优势形成鲜明对比的是，其在知耻修身维度上的明显欠缺。

作为药企，对于产品质量的把控是相当重要的。康弘药业参考国际先进质量管理体系，制定了高于中国要求基础的质量体系，从研发到生

第三章 公正财富结果分析

教育脱贫

2018年,教育扶贫总计捐赠1,037.23万元,除资助贫困地区学生完成学业、完善贫困地区学校基础设施外,针对不同地区的不同情况,开展了多种助学项目。如,贫困高中生助学项目、"小草计划"、"向日葵助学基金"、"为爱比心"项目、"一人一书桌"项目等。同时,基金会积极为偏远地区学生搭建探索高新企业的平台。2018年分别联合顺丰莲花助学、格桑花西部助学带领西部地区150名学生走进比亚迪,体验工业高科技。

2018年9月广东省扶贫济困日,基金会捐资100万元,全力支持广东省地区的扶贫工作。

图 3-32 《比亚迪 2018 社会责任报告》部分内容

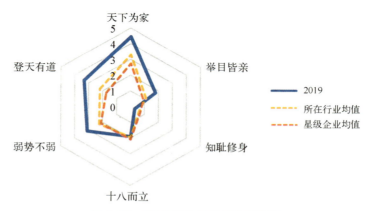

图 3-33 康弘药业各维度表现情况

产和流通都有严格细致的规范，并试行了 MAH（药品上市许可持有人）制度，积极承担质量责任。对于安全投入和环保投入，康弘也细分了各子公司的占比。在公益参与方面，康弘药业组织了许多有企业特色的公益活动，发挥了自身在医疗健康产业方面的优势，进行义诊、宣讲、赠药。

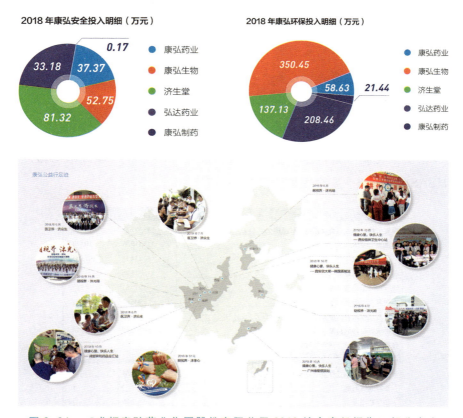

图 3-34 《成都康弘药业集团股份有限公司 2018 社会责任报告》部分内容

7. 郑煤机

郑煤机在各维度的得分较为均匀，除了知耻修身之外，其他维度相比去年也都有进步，因此也从二星迈入了三星的行列。不过值得注意的是，在所有三星企业中，郑煤机在弱势不弱这一维度的表现明显弱于其他企业。

第三章 公正财富结果分析

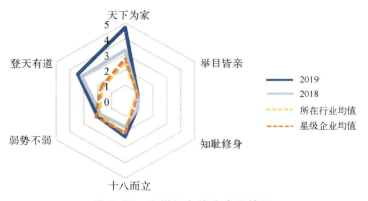

图 3-35 郑煤机各维度表现情况

从具体指标来看,郑煤机在质量管控、污染排放、生产节能、职业发展、安全与健康教育这些方面披露情况较好。主要附属公司均通过了 OHSAS19001 职业安全健康管理体系认证。

排放	2018年	2017年
温室气体总排放当量（范围1 & 范围2）（吨）	135,377.51	118,580.96
范围一排放	114,159.99	10,617.77
范围二排放	114.16	107,963.19
每百万元收入温室气体排放当量（吨/百万元）	11.28	15.81
废气排放量总量（吨）	273.61	202.15
有害废弃物排放总量（吨）	2,046.81	1,887.57
每百万元收入有害废弃物排放量（吨/百万元）	0.17	0.25
无害废弃物排放总量（吨）	16,302.59	9,276.26
每百万元收入无害废弃物排放量（吨/百万元）	1.36	1.24
水资源		
水资源使用总量（百万立方米）	10.64	9.74
新鲜汲取的水	1.75	1.83
循环利用的水	8.89	7.91
每百万元收入耗水量（百万立方米/百万元）	0.00089	0.0013
能源		
能源消耗总量（兆瓦时）	256,092.32	217,608.38
电力	185,998.37	174,011.20
天然气	66,595.12	41,520.36
柴油和汽油	3,498.84	2,076.82
每百万元收入能源消耗量（兆瓦时/百万元）	21.34	29.01
包装材料		
包装材料消耗总量（吨）	854.22	1,268.73

图 3-36 《郑州煤矿机械集团股份有限公司 2018 年度社会责任暨环境、社会及管治报告》部分内容

8. 广汽集团

同样是从无星跃升为三星,广汽集团在登天有道、天下为家、弱势不弱三个维度有较为明显的进步,但在十八而立上有所退步,另两个维度略有改善,但在知耻修身维度上也依旧未达到星级企业平均水平。

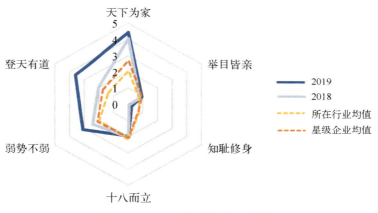

图 3-37　广汽集团各维度表现情况

从具体指标来看,广汽集团在精准扶贫、专利授权、污染物排放、资源使用、员工培训等方面有着较好的披露情况。

9. 中船防务

中船防务也从 2018 年的二星上升到了 2019 年的三星,但是在其他维度或多或少进步的同时,在知耻修身这一维度上有较大的退步。

作为重资产、周期长的国资船舶制造企业,"稳"字当头。中船防务的报告将大量篇幅用于阐述质量监控、安全生产管理和风险管控。对于环境责任,也列出了温室气体、废气、废水、废弃物的排放以及处置措施的基本信息。

第三章 公正财富结果分析

广汽集团 2018 年专利授权申请情况一览表 *

新增专利授权量 813 项

发明专利	155 项
实用新型专利	440 项
外观设计专利	218 项

新增专利申请量 1 212 项

发明专利	395 项
实用新型专利	552 项
外观设计专利	265 项

* 披露范围包含广汽集团各投资企业

2018 年集团职工培训情况 *

受培训员工性别结构（单位：%）
- 男性 876,213人次：82.45
- 女性 186,508人次：17.55

受培训平均时数性别结构（单位：小时）
- 男性：40.75
- 女性：40.75

受培训员工职级结构（单位：%）
- 管理人员和专业技术人员 270,898人次：42.65
- 生产工人 791,823人次：57.35

受培训平均时数职级结构（单位：小时）
- 管理人员和专业技术人员：36.83
- 生产工人：43.66

* 披露范围含合营、联营公司

图 3-38 《2018 广州汽车集团股份有限公司企业社会责任报告》部分内容

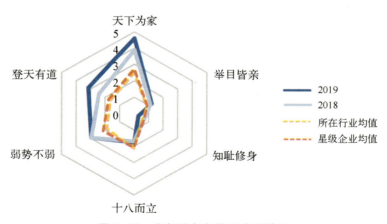

图 3-39 中船防务各维度表现情况

第二节 优秀企业案例

安全生产管理

安全生产是企业可持续发展的生命线,我们强化"红线"意识和"底线"思维,牢固树立安全法制理念,坚持标本兼治,注重顶层设计,狠抓责任落实,全方位保障安全生产。2018年公司未发生重大事故,轻伤事故同比下降35.29%。

35.29% 轻伤事故同比下降

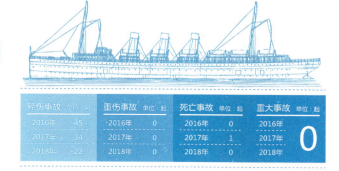

轻伤事故 单位:起	重伤事故 单位:起	死亡事故 单位:起	重大事故 单位:起
2016年 45	2016年 0	2016年 0	2016年
2017年 34	2017年 0	2017年 1	2017年 0
2018年 22	2018年 0	2018年 0	2018年

中船防务(集团)		2016年		2017年		2018年	
		产生量(吨)	循环利用量(吨)	产生量(吨)	循环利用量(吨)	产生量(吨)	循环利用量(吨)
固体	有害固体	503.96	17.2	368.978	10.65	1 890.36	0
	无害固体	57 205	34 243	45 780	33 400	37 725	12 787
液体	有害液体	702.4	496.85	402.884	54	1 593.23	201.48

图 3-40 《中船防务 2018 社会责任报告》部分内容

第四章
公正财富数据信息中心

2019年公正财富数据信息中心正式上线，数据中心承载了历年公正财富评估及结果的大量数据，通过数据库和网站的方式呈现给所有企业及公众。

图 4-1 公正财富数据信息中心主页

该数据中心以公正财富的视角，以上市公司为对象，围绕企业与社会的公正发展，建立全国第一个以企业公正发展为专题的数据库。通过数据中心，有效帮助企业沿着公正财富方向不断推进高质量发展，从而推动中国公正和高质量发展。数据库目标用户如下。

➢ 投资者：通过数据帮助投资者构建投资决策，同时通过对投资资金的引导，帮助那些更好的企业蓬勃发展，最终反向推动所有上市企业关注自身行为，完成公正发展。

- 政府：帮助政府了解及理清公正及高质量发展的现状、挑战、机遇，为政府机构制定政策、提供强有力的决策支撑和数据依据。
- 学术机构：为学术研究提供帮助，形成公正及高质量的研究成果。
- 就职或求职员工：帮助其更好挑选雇主，同时与投资者类似，通过对求职者的引导，促进优秀企业发展，从而推动整个社会所有企业的公正及高质量发展。
- 普通大众：提供集中数据中心，打破该类数据收集难、关心难的壁垒，帮助公众了解企业财务表现之外的方方面面的数据。

整个数据中心包含了公正财富项目在过去四年所积累的超过 500 家上市企业的数万条数据，以及企业的公正财富评级表现，包括评级结果、评级得分、评级数据、企业相关新闻等，全方位展示了企业在公正财富视角下的表现。同时，网站也提供了用户评论、企业信息发布等一手信息的汇集渠道以及展示平台。

整个网站主要由搜索页、企业结果页面、体系结果页面三个主要页面组成。

搜索页

搜索页为标准搜索引擎，用户可以在搜索栏内输入企业名称、证券编码、企业高管等信息搜索对应的企业信息，也可输入非财务信息名称或公正财富评估体系中的维度、属性、指标名来搜索对应的体系信息。

企业结果页面

在企业结果页面中包括了企业基本信息、企业公正财富上的表现，及公正财富体系下企业的数据，用户可以通过点击评估体系看到企业各年各维度、属性、指标的表现、披露的数据、对应的得分、得分分布情

第四章　公正财富数据信息中心

况以及企业与公正财富体系相关的新闻内容。此外，对应企业用户还可进行新闻发布，普通用户也可对企业表现发表评论。

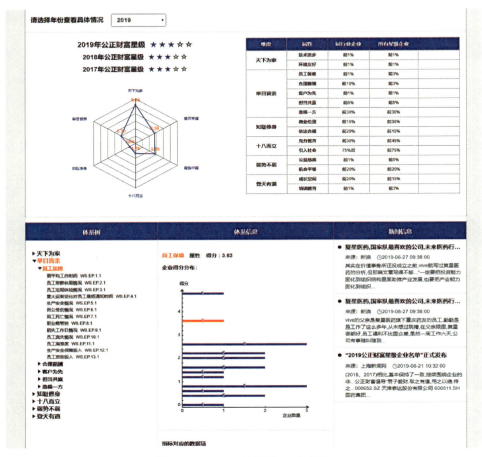

图 4-2　企业结果页面（测试图）

体系结果页面

在体系结果页面中则将对公正财富评估体系对应的维度、属性、指标作出解释，展示其近年表现情况，包括平均得分、披露较好的企业、披露较多的数据以及相关的新闻内容。

第四章 公正财富数据信息中心

图 4-3 体系结果页面（测试页）

未来，公正财富数据中心将伴随公正财富项目共同拓展及成长，数据中心计划于 2020 年推出全英文版本：一方面，使得中国企业的相关表现和数据得以呈现在全球视野下；另一方面，也可以以全球优秀的企业为榜样，改善中国企业的相关表现。同时，虽然该平台名为公正财富数据信息中心，但仍然会使其发挥平台属性，在公正财富收集的数据基础上，融入汇总第三方的数据，使其成为企业非财务数据（可持续发展、ESG、企业社会责任）的融合、交流、沟通中心。

第五章
其他公正财富相关项目

第一节　非上市企业公正财富评估

虽然上市企业是中国商业环境的重要组成部分，从世界银行数据来看，2017年上市公司市值占中国GDP的71.18％，但是整个社会财富的创造和运营，也离不开大大小小的非上市企业。

与上市企业不同，非上市企业存在业务管理混乱、部门职责划分不清晰、企业内信息沟通不畅、信息透明度较低、缺乏信息披露的动力等特点，针对这一系列特点，非上市企业公正财富评估通过介绍培训、问卷、访谈等方式，经过数据分析，为企业提供具有针对性的评估报告。

通过公正财富评估报告，企业可以从另一角度审视其当下的运营、管理及企业架构，推动和帮助企业沿着公正财富的方向，不断进步乃至成长为全球领先的企业。同时，也为公正财富项目提供更为丰富的数据与信息，了解上市企业之外的中国企业公正财富现状。

当前，该评估主要通过挑选及邀请各行业具有代表性的企业参与，随着公正财富项目的影响力及项目组人力的提升，在此基础上也将开放企业主动申请评估的渠道。

第二节 公正财富投资

公正财富投资是一种投资理念，是指在投资时将企业基于公正财富评估体系下的表现作为投资的重要参考依据。

基于公正财富投资的理念，我们推出公正财富指数，希望投资者和社会能够关注并投资这些在公正财富上表现较好的企业。通过公正财富指数，在金融市场上将关注重点转移到符合公正财富评判标准的企业上来，促进金融市场整体对公正发展的重视。同时，公正财富指数也可以提高社会对公正财富的关注度，引导企业主动参与到公正财富评级活动中来，用公正财富的观念来规范自身的经营活动，修正发展方向。

公正财富指数以 2017 年 5 月 1 日（理论上公正财富评级完成时间）为基日，以 1000 点为基点。以沪深两市主板及中小企业板所有上市企业为样本空间，对其最近一年的公正财富表现进行评级，选取所有获得星级的企业作为指数样本，并每年依据企业上年的公正财富表现进行审核与更新。

截至目前，公正财富指数表现如图 5-1 所示。

图 5-1 公正财富指数表现

第五章 其他公正财富相关项目

图 5-1 中展示了 2017 年 5 月 2 日至 2019 年 10 月 31 日共 610 天的证券表现情况,其中:

线　条	指数名称	涨跌幅
蓝线	公正财富指数	18.46%
橙线	沪深 300	13.00%

从图 5-1 中可以看出,在整个统计期内,公正财富指数依然始终高于沪深 300 指数,基本未发生交叉或重叠。相较于沪深 300,公正财富指数的表现更为稳健,证明投资符合公正财富理念的企业能更好地帮助投资者规避风险,提高投资收益。

第六章
公正财富理论及方法

公正财富的核心基础是针对企业的公正财富评估体系，而这一体系区别于其他类似评估体系（如道琼斯可持续发展指数等）的一个重要方面就是其清晰独特的理论支撑。它从个体内心的博弈和需求出发，逐步提升到整个社会的层面，并最终在商业领域得以应用。这一理论体系依次涉及有知需求、公正发展、公正财富及其六大维度这四个相互联系又相对独立的部分。本章将简要介绍公正财富评估体系及其相关项目的理论及方法。

第一节 理论基础

1. 有知需求

有知需求（Enlightened Needs）是指超越生存和繁殖的人类特有需求，昵称为"泡泡"，比如支持贫困地区儿童教育、关注世界和平等。有知需求源于人类对知识的渴求及对自己在这个世界的角色的认识。随着知识的增长、环境的变化以及信息的传播，人类感知的需求也随之发生变化，有能力考虑生存和繁衍之外的问题，有知需求数量会越来越多，范围越来越广，重要性越来越大，这是"有知化"的一个过程，也是我们所说的"泡泡"冒升的过程。

有知需求是多样的,每个个体可以有不同种类的有知需求,并根据各自的需求分配自己的资源。它是一个中性的概念,既可以是不利于社会环境的需求,也可以是有利于社会环境的需求。但无论具有哪种性质,有知需求会决定一个人、一个群体或一个社会的行为。因此,不能忽略这些"泡泡",它能反映出需求的变化和社会的变迁,也足以影响未来的趋势。

有知需求可以分为两类:第一类是愿望型有知需求,它是指个人或少数人的有知需求,比如素食主义;第二类是公德型有知需求,它是指社会中大多数人所共享的有知需求。愿望型有知需求可以转变为公德型有知需求。

2. 公正发展

有知需求是广泛而多样的,当大量的个体拥有相类似的、强烈的有知需求时,这些有知需求会汇聚成为人类发展原则(Human Development Principles),如可持续发展、公正发展。公正发展是由众多个体的有知需求汇聚而成的,和可持续发展相似却又有重要区别的人类发展理念,是当前人类发展阶段最为合适的发展原则之一。这个理论以公正作为发展的核心,以人为中心,鼓励不同人群及国家采纳适合它们自己的对内与对外的公正的定义,并在此基础上建立具体的发展计划。如果发展是公正的,那么它也会可持续。

公正发展是指争取保证现在或以后 Y 年内存在的 X(X 可以是任何一种实体)可以在机会、资源和产出上享受到分配公正、程序公正和复元公正的人类发展。

3. 核心要素

核心要素是指人类发展、非生命环境、非人类生命。其中,人类发展位于公正发展的另外两个支柱——非生命环境和非人类生命之上，是公正发展的核心对象，也是两个支柱存在的首要原因。公正发展主张负责任地利用环境，而不只是简单强调保护环境。

3.1 公正的对象

公正的对象是机会、资源、产出。

3.2 公正的类型

公正的类型有平均、公平、按需。

3.3 公正的形式

公正的形式有分配公正、程序公正、复元公正。

3.4 公正的选择

公正发展在公正的对象、类型和形式上都有不同的选项，对此，公正发展中一个非常重要的原则是应当允许不同的实体根据自身的情况和所要解决的问题做出自主选择，来决定他们认可的公正发展应该是什么样的。

4. 公正财富

公正发展作为人类发展原则，在人类社会中的各个领域都应加以运用。公正发展在商业领域中的运用就引申出公正财富的概念和原则。

公正财富是指在所有相关参与方（人、动物以及总体环境）都得到公正对待的前提下所创造的商业财富。

作为公正发展在商业领域的应用，公正财富定义中的"公正"继承了公正发展中关于公正的对象、类型和形式的多样性。因此，公正的选择原则在公正财富这一理念中也同样是适用的。这意味着对于企业获取公正财富的具体评价标准必然是与企业所处的社会环境和发展程度等相匹配的，是由企业运作所涉及的整个社会共同决定的。

公正财富的理念可总结为：君子爱财，取之有道，用之以德，传之随心。

上述理念蕴含着三层内涵。首先，这一理念体现了公正财富理论对于财富的态度。"君子爱财"无可厚非，公正财富对于追求财富是鼓励和肯定的。追求财富是任何一家企业的核心使命，这既是对投资者负责，也是企业实现自身价值的主要方式。其次，君子对财富的追求不应是肆意盲目的，应符合"取之有道，用之以德"这两点要求。企业如何获取财富和运用财富是衡量企业公正财富的核心。这两个方面的共同底线是合规守法，而在此基础之上，"取之有道"鼓励企业走正道，对他人、社会及环境负责，而不是仅仅在意私人利益的得失；"用之以德"则要求企业在使用财富时能兼顾社会公德和责任。最后，"传之随心"则体现了"随心所欲不逾矩"的境界，既提倡公正财富拥有者在财富分配和传承上可达成的境界，同时也强调社会对公正财富及其拥有者的尊重，强调他们在财富传承和积累上所拥有的不可任意侵犯的权利。

5. 六大维度

公正财富有着丰富的内涵和外延，基于公正发展原则及其在商业领域的完整体现，以管理学、经济学、社会学等相关理论为依据，本报告以六大维度的表现来反映企业财富的公正性。

同时，公正财富六大维度的构建还以广泛而深入的调研为基础。调研既包括深入的直接数据的获取（访谈、问卷、小组讨论等），也包括广泛的间接数据（书籍、新闻、社交媒体的互动等）的获得。基于这些数据，并运用扎根理论（*The Discovery of Grounded Theory*，Barney Glaser, Anselm Strauss, 1967）方法进行抽取和汇总，最终形成了六大维度：天下为家、举目皆亲、知耻修身、十八而立、弱势不弱和登天有道。

不同于传统的可持续发展和企业社会责任等理论对于经济、社会和环境三大维度的构建，公正财富的基础维度构建更加直接地反映了公众对公正发展的理解和自身的有知需求，与传统概念相比，更为强调对人的重视及对公正的追求。作为公正财富评估的核心和基础，这六大维度为公正财富评估提供了具有深刻洞见的视角，是公正财富理念里的"取之有道，用之以德"两个原则的直接体现。

六大维度的定义和内容将在第三节企业公正财富评估体系中给出具体阐述。

第二节　公正财富评估框架

公正财富评估主要包括两个项目：企业公正财富评级、非上市企业公正财富评估。两者基于同一套评估体系，依据该体系对所收集的（从公开渠道或非公开渠道）企业信息进行评估，获得企业的公正财富得分；企业评级在该得分的基础上建立相应的评级标准并发布结果；非上市企业公正财富评估则依据该得分进行分析，制作分析报告，给企业提供公正财富方向上的意见与建议。参见图6-1。

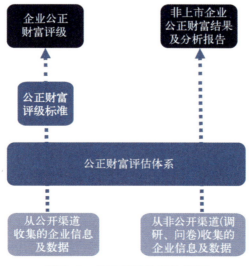

图6-1　公正财富的评估框架

第三节 企业公正财富评估体系

本节将进一步阐述公正财富评估体系及该体系将企业披露信息转化为企业公正财富得分的过程及方法。

1. 公正财富评估体系的简述

公正财富是公正发展在商业领域中的运用，倡导"君子爱财，取之有道，用之以德，传之随心"的理念。公正财富评估体系既是该理念与企业实际运作相结合的具化体现，也是公正本身不同实现方式的展现。与可持续发展相比，公正财富评估体系不仅包含其对于代际间公正的关注，也对代内间的公正给予了充分的关注。参见表6-1。

表6-1 公正财富的理念与维度及属性

公正财富理念	维度	维度简称	属性	属性层主要公正形式
君子爱财	企业财务健康			
取之有道	企业健全并遵循价值底线	知耻修身	依法合规 商业伦理	程序公正 程序公正
取之有道	企业应当负责任地对待在运营中非人的因素	天下为家	技术进步 环境友好	分配公正 复原公正
取之有道	企业应当负责任地对待在运营中人的因素	举目皆亲	员工保障 合理薪酬 客户为先 担当共赢 造福一方	分配公正 分配公正 分配公正 分配公正 分配公正
用之以德	企业应当支持尚未自食其力的人	十八而立	充分教育 引入社会	程序公正 程序公正
用之以德	企业应当支持已经自食其力的人	登天有道	成长空间 培训教育	程序公正 分配公正
用之以德	企业应当支持弱势群体	弱势不弱	公益慈善 机会平等	分配公正 程序公正

2. 公正财富评估体系概述

公正财富评估体系通过一个四层的架构对企业进行评估，包括架构本身以及维度层、属性层、指标层和数据项层共五个部分，并由此得到每个企业的最终得分。参见表6-2。

表6-2 公正财富评估体系的四层架构

层　　级	定　　义	构成方法
维度层	每一个维度由其下的各个属性决定	Formative
属性层	属性的得分由各个指标决定	Formative
指标层	指标可以由一个或多个数据项支撑	Formative
数据项层	企业披露的与指标相关的具体数据	Reflective

维度层是将公正财富理论与中国社会实践相结合的结果（详见理论部分"六大维度"一节）。

在维度层之下是属性层。属性层是企业运作的方方面面与公正财富理论的结合，是六大维度在企业运作角度的具体化。

属性层之下是指标层，指标衡量企业在某个方面的具体表现。

最后，作为评估体系底层架构的是位于数据项层的各个具体数据项。这些数据项是企业所披露的与指标相关联的具体信息。

下文将按照维度、属性、指标、数据项的顺序介绍公正财富的评价体系，再按照得分计算的顺序自下而上地介绍企业公正财富得分。

3. 维度—属性—指标概览

表6-3 公正财富评估体系的维度、属性、指标概览

维　度	属　性	指　标	常见数据项
天下为家	技术进步	研发投入——资金情况	研发投入占营业收入比
		研发投入——人员情况	研发人员占总员工比

第六章 公正财富理论及方法

（续表）

维　度	属　性	指　标	常见数据项
天下为家	技术进步	专利授权情况	截至报告期末累计授权总数； 报告内新增授权数量； 专利申请数量
		高级技术人才数量	博士及博士以上人员占总员工比
	环境友好	能源效率	单位产值能耗； 吨钢能耗； 总能耗； 单位产值电耗
		水资源使用效率	单位产值用水量； 吨钢耗新水量
		水资源循环利用	废水（污水）回用率； 再生利用率； 循环水量
		水污染排放效率	氨氮化物； 化学需氧量（COD）； 生化需氧量（BOD）； 悬浮物； 总磷以及其他特有的水污染物
		物资使用	企业各类物资消耗情况； 原材料中再生原料百分比； 煤矿回采率
		废弃物排放效率	单位产值一般废弃物排放量； 单位产值危险废弃物排放量
		废弃物综合利用	废弃物循环利用率； 废弃物再生利用率； 废弃物综合利用率
		温室气体排放	单位产值温室气体排放当量； 二氧化碳排放量
		大气污染物排放	氮氧化物； 硫氧化物； VOCS； 颗粒物以及其他特有的污染物

(续表)

维　度	属　性	指　标	常见数据项
天下为家	环境友好	清洁能源使用	清洁能源使用量占总能源使用量比； 太阳能占总能源比； 风能占总能源比
		企业绿色产品	根据行业不同一级数据项不同，如电力企业可用清洁能源发电量占比； 汽车制造业可用新能源汽车占比； 房地产业绿色建筑认证面积占比
		确认的企业违反环境法规事件	违反环境法规罚款总额
		企业造成的土壤污染情况	造成的污染地块面积； 土壤污染程度
		环境保护投入	用于环境相关的支出与投资占营业收入比
举目皆亲	员工保障	周平均工作时间	周平均工作时间
		员工带薪休假情况	人均带薪休假天数； 产假天数； 陪产假天数等
		员工定期体检情况	体检覆盖率； 女性专项体检覆盖率
		重大运营变化对员工最短通知时间	重大运营变化对员工最短通知时间
		生产安全情况	生产安全事故总数； 生产安全重大事故数
		因公受伤情况	因公受伤发生率
		因工死亡情况	因工死亡
		职业病管控	职业病发病率
		损失工作日情况	损失天数比值； 重大事故损失天数
		员工流失情况	员工流失率

(续表)

维度	属性	指标	常见数据项
举目皆亲	员工保障	员工满意度	员工满意率； 员工满意度打分； 员工敬业度
		生产安全保障投入	安全保障投入占营业收入比； 生产安全投入占营业收入比； 生产安全培训人次数
		员工资助投入	员工资助金额占营业收入比
	合理薪酬	最低工资保障	最低工资与当地比值
		管理人员薪酬情况	管理人员薪酬与平均工资比值
		员工薪酬分布	员工薪酬的基尼系数； 员工平均薪酬与薪酬中位数比值； 员工平均薪酬
		员工额外福利	享受年金人数占比； 享受补充公积金人数占比； 享受人身意外险人数占比； 享受补充医疗险人数占比
		工资延误发放情况	工资延误发放总额与总金额占比
	客户为先	客户满意度	客户满意率； 客户满意度打分； 顾客忠诚度
		确认的违反产品及服务相关法规事件	违反产品及服务相关法规事件数
		违反产品及服务相关法规罚金总额	违反产品及服务相关法规罚金总额占营业收入比
		确认的违反法律法规影响客户健康与安全事件	违反法规影响客户健康与安全事件数
		确认的客户隐私泄露事件	客户隐私泄露事件总人次
		因安全与健康理由召回产品情况	因安全与健康理由召回产品的占总产品数比； 召回产品总价值与营业收入比

第三节　企业公正财富评估体系

（续表）

维　度	属　性	指　标	常见数据项
举目皆亲	客户为先	客户投诉	客户投诉率
		产品（服务）质量	根据行业不同一级数据项不同，如航空业可用航班正点率，物流业可用货物正确率；产品质量查处案件数
		产品安全	根据行业不同一级数据项不同，如银行业可用避免客户损失金额数；管道安全企业可用入户检查数；航空业可用累计安全飞行时间；食品制造业，如酒业一级数据项为食药监产品抽查合格率
	担当共赢	供应商的长效管理机制	供应商长效管理机制覆盖比例；采购金额符合公司采购政策强制要求比例
		经销商／加盟商的长效管理机制	经销商／加盟商长效管理机制覆盖比例
		供应商的实地审核	供应商实地审核次数占比
		供应商合规合法情况	供应商合规合法比例
		经销商／加盟商合规合法情况	经销商／加盟商合规合法比例
		供应商满意度	供应商满意度得分；供应商满意率
		合作伙伴培训情况	经销商／加盟商／供应商平均培训次数；培训人次数
	造福一方	采购支出的本地化	采购支出本地化比例
		员工的本地化	员工本地化比例
		管理层的本地化	管理层本地化比例
		企业纳税	纳税总额

第六章 公正财富理论及方法

（续表）

维　度	属　性	指　标	常见数据项
举目皆亲	造福一方	政府资助情况	政府资助金额与企业营业收入比值
		高社会价值项目投入	文化教育、社区服务、医疗卫生方面投入占营业收入的比值
知耻修身	商业伦理	员工主动承诺合规情况	合规条款员工签署覆盖率；签订廉洁责任书数量
		员工反腐败（反商业贿赂）预防性措施	人均反腐败培训数量；人均反腐败培训人次数；反腐败培训资金投入占比
		合同履约	合同履约率；违约金占比
		企业依法合规预防性措施	员工守法合规培训
	依法合规	确认的腐败与商业贿赂案件数	确认腐败/商业贿赂案件数；确认腐败/商业贿赂人次数
		确认被判知识产权案件	确认被判知识产权案件数
		违反各类法律法规产生的罚款总额	违反各类法律法规产生的罚金总额占营业收入比；罚金总额占营业收入比
		确认的违反反垄断法或不正当竞争案件	违反反垄断法或不正当竞争产生的罚金总额
十八而立	充分教育	完成义务教育员工数量	初中及以上学历员工比例
		完成本科及以上员工数量	本科及以上学历员工比例
		企业用于教育相关的捐赠	为教育捐赠总额占比
	引入社会	应届毕业生招聘	招聘应届毕业生比例（分行业）
		吸纳就业规模	吸纳就业规模；员工总数
		提供实习生实践岗位情况	用于支付实习生的薪酬总额

第三节　企业公正财富评估体系

(续表)

维　度	属　性	指　标	常见数据项
弱势不弱	公益慈善	企业用于公益慈善的捐赠	捐款总额占比； 公益捐赠总额占比
		企业管理层个人用于公益慈善的捐赠	管理层人均捐款额
		企业用于改善贫困情况的支出	为改善贫困情况捐赠总额占营业收入比； 精准扶贫总额占营业收入比
		企业内员工参与志愿服务及公益慈善活动情况	员工人均参与志愿服务及公益慈善活动次数； 人均志愿服务时间
	机会平等	就业性别平等	女性员工比例
		收入性别平等	男女工资比
		管理层女性比例	管理层女性比例
		残疾人雇佣情况	残疾人与普通员工工资比； 残疾人雇佣率
登天有道	成长空间	管理层平均年龄	管理层平均年龄
		管理层本公司晋升比例	管理层本公司晋升比例
		定期的员工职业发展评估	定期接受绩效与职业发展评估员工比例
	培训教育	员工全年培训时长	员工全年平均培训小时数
		员工全年培训覆盖	员工培训覆盖率
		员工全年培训费用	员工人均培训费用

4. 数据项

依据数据项对于指标的说明程度，将数据项分为三级，分别为一级数据项、二级数据项、三级数据项，数据项级别越小，与指标的相关性越高，说明其作用越强。

所有数据项中的详细数据来源于公开数据。进一步，为了尽可能保证数据来源的真实可靠，通过公开渠道获取的数据在被最终采用之前会以问询函的形式发送给企业，并要求企业给予确认。如果企业不做回复，则认定为等同于对相关数据的认可。

4.1 一级数据项

这是综合性数据项，对该指标有较为完整和准确的说明作用，一级数据项原则上应当与国际上重要评估体系可对标（如 GRI、DJSI 等）。

以能源效率指标为例，一级数据项可以是企业的单位产值能耗、企业单位营业收入能耗、企业总能耗等。

4.2 二级数据项

二级数据项是该指标的重要组成部分，也是一级数据项的重要组成部分，对指标有较强的说明作用。

以能源效率指标为例，二级数据项可以是企业的单位产值柴油消耗、企业单位产值天然气消耗、企业总油耗、总部能耗等。

4.3 三级数据项

三级数据项与指标相关，但相关程度较低，或仅是案例数据无法反映企业整体情况。无准确数字只有定性描述同样归入三级数据项。

以能源效率指标为例，三级数据项可以是企业节能率、企业某一工厂的能耗、企业某一产品的能耗等。

5. 公正财富得分

5.1 评分

数据项得分围绕透明和进步两大主旨，考量企业对于该数据项的披露是否稳定连贯，在此基础之上考量企业是否基于该数据项取得了进步，具体标准见表 6-4。

表 6-4 各级数据项的得分档次

数据项	1 档	2 档	3 档	4 档
一级数据项	公布	连续两年公布	连续两年公布且较前一年有进步	自愿公布针对该数据项的规划及承诺并公布当前进展
二级数据项	公布	连续两年公布	连续两年公布且较前一年有进步	自愿公布针对该数据项的规划及承诺并公布当前进展
三级数据项	公布	不适用	不适用	不适用
转换比率	70%	80%	90%	100%
主旨体现	透明		进步	

5.2 指标得分计算

$$S_I = \sum_i^{N_{L1}} D_1 \times P_i + \sum_i^{N_{L2}} D_2 \times P_i + \sum_i^{N_{L3}} D_3 \times P_i$$

其中，S_I：指标得分。

N_{L1}，N_{L2}，N_{L3}：一级数据项数量，二级数据项数量，三级数据项数量。

D_1，D_2，D_3：一级数据项得分，二级数据项得分，三级数据项得分。

P_i：数据项表现转换比率。

指标得分由数据项得分和数据项分布共同决定。

(1)一级数据项一个 6 分，最多 1 个。

(2)二级数据项一个 1.5 分，最多 4 个。

(3)三级数据项一个 0.5 分，最多 2 个。

(4)企业公布的数据超过该级最大数据项个数时，该级数据项的平均分取得分高的数据项的平均分。

(5)当一个指标有子指标时，该指标的得分是其所有子指标得分的平均值。

(6)当一个指标为无一级数据项指标时，该指标得分计算方式不变，在计算完成后归一化到理论情况下的满分。

(7)每一级数据项对指标（子指标）得分的贡献为该级数据项得分与相应转换比率的乘积。

(8)将各级数据项得分累加，得到指标得分，理论情况下的满分为 12.7 分（$1×6×100\% + 4×1.5×100\% + 2×0.5×70\% = 12.7$）。

示例：

指标名称	数据项级别	数据项名称	数据项单位	本年数据	去年同期数据	数据项得分
一般废弃物排放效率	L1	一般废弃物排放效率	吨/万元	0.002 429		1
	L2	生活垃圾排放率	吨/万元	0.000 341		1
	L2	无害生产废料排放率	吨/万元	0.002 088		1

该指标得分：$1×6×0.7 + 2×1.5×0.7 = 6.3$（分）

5.3 权重

对于任何一个评估体系，权重的决定都是至关重要的一个部分。公正财富评估体系对于权重的确定，在保证公正、广泛的基础上，注重前瞻性和引导性。

机制

首先，维度层。共有六个维度，权重总计100%，在六个维度之间分配。

其次，属性层。每一个维度下都包含若干个属性，同属一个维度的属性权重总计100%，在各个属性之间进行分配。不同维度下的属性之间不存在权重联系。

最后，指标层。每一属性之下都包含若干个具体指标，同一属性下的指标之间以平均方式分配权重。

在评级架构中，权重的引入是自上而下逐级展开的。指标层是平均分配权重，因此无须征集权重意见，对于属性层和维度层的权重，以专家调查问卷的形式来决定权重的分配。

权重意见的征集按照联合分析的测量方法完成（*Applied Conjoint Analysis*，Vithala R Rao，2014，Springer）

数据

权重的数据是通过按照联合分析设计的问卷，征集中国985高校各个学科领域的专家学者的反馈意见来确定维度层和属性层的权重。在发出征集问卷前，项目组通过预测试（Pre-test）对问卷的科学性和合理性进行检测，这些预测试由几百位学界和企业界人士完成，并得到玫琳凯（Mary Kay）公司的帮助。正式问卷共发出32 337份，最后获得495份有效反馈，由此确定最终的权重分配。

维度及属性权重详见图6-2。

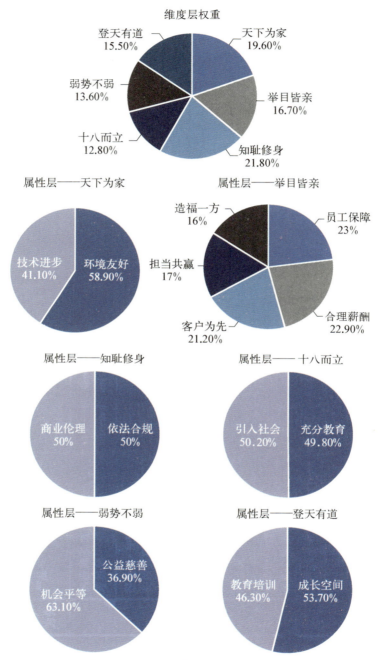

图 6-2　公正财富的维度、属性权重

5.4 企业公正财富得分计算

计算一家企业的公正财富得分，这一过程可以用公式表达为：

$$FWS = \sum_{i=1}^{I}\left(\alpha_i^d \times \beta_i^{da} \times \frac{x_i}{n_i^{da}}\right)$$

式中：FWS：Fair Wealth Score，企业的公正财富得分；

α_i^d：指标 i 所在维度 d 的权重；

β_i^{da}：指标 i 所在属性 a 的权重（在属性所属的维度 d 里）；

x_i：指标 i 的得分；

n_i^{da}：指标 i 所在属性 a 下的指标总数；

I：所有指标总数。

该公式的含义为，企业的公正财富得分是各个维度得分的加权平均值，而各个维度的得分又是该维度下各个属性的加权平均值，各个属性的得分则是该属性下各个指标的简单平均值。

第四节 企业公正财富评级

公正财富评级以公正财富评估体系为依据，在此基础上，通过制定评级标准，将优秀的企业分别定为一星、二星、三星、四星及五星级企业。评估企业在透明、进步和引领这三大主旨上的表现。

1. 评级体系

公正财富评级将优秀企业共划分为五个星级，星级越高，企业表现越好。

第六章 公正财富理论及方法

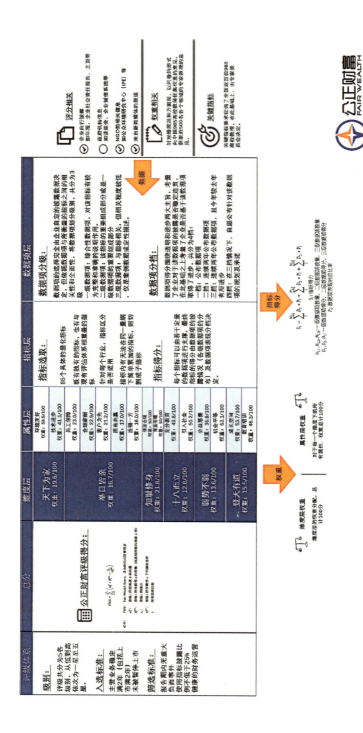

图 6-3 公正财富评级体系概要

表 6-5　公正财富评级的星级企业划分

星级	定位	评级标准			
		总分要求	六大维度得分要求	关键指标要求	有灵魂的企业
★	一星级企业是合格的企业	√	√		
★★	二星级企业是优先选择的企业	√	√		
★★★	三星级企业是值得付出额外成本选择的企业	√	√	√	√
★★★★	四星级企业是值得主动无偿帮助其成功的企业	√	√	√	√
★★★★★	五星级企业是时代的引领者	满足四星级得分要求，有符合公正财富理念且改变行业规则或商业范式的突出行为			

2. 公正财富评级入选及筛选标准

2.1　入选标准

公正财富评级企业基本的入选标准为：企业主营业务稳定满 2 年（包括上市满 2 年）且在评级期间未被暂停上市。

2.2　筛选标准

在企业评级之前，我们对企业进行了基本的筛选，主要包括：
◇ 报告期内无重大负面事件；
◇ 指标披露比例不低于 25%；
◇ 健康的财务运营。

重大负面事件指：
➢ 重大环境污染事件；
➢ 重大生产安全事故；

> 重大产品质量事件；
> 严重的员工歧视（性别、年龄、地域等）。

健康的财务运营则使用 F-score 进行考量。

F-score 全称为 Piotroski F-score，这是通过个别财务报表的历史数据、测试及检视企业在盈利能力、财政实力和经营效率三大准则范畴、细分 9 项指标因素的评分机制，从而评估企业财政状况是否健康。每项因素若通过，便给予 1 分（反之 0 分），企业在 F-score 得分范围将在 0—9 分，得分愈高的企业，代表其财务素质的基本面愈佳、愈健康；反之亦然。根据行业不同，企业需要连续两年的 F-score 表现达到要求才可通过筛选。

3. 评级标准

公正财富评级标准分为总分表现、维度表现以及研发表现。

总分表现要求企业的公正财富总得分不应低于一定的分数。

维度表现则分为正面表现与负面表现，正面表现要求企业需在维度中至少有数个表现较好的维度，负面表现则要求企业不应出现任何一个未公布任何信息的维度。参见表 6-6。

研发表现则要求企业每年的研发投入达到一定的标准。

表 6-6 公正财富评级标准

星级	总分表现	维 度 表 现		研发表现
		正面表现	负面表现	
一星	不低于 1.05 分		任何维度得分不为 0 分	无
二星	不低于 1.5 分	六个维度内至少有一个维度平均来看每个指标有两个最理想质量的二级数据项；六个维度内至少有两个维度平均来看每个指标有一个最理想质量的二级数据项	任何维度得分不为 0 分	无

(续表)

星级	总分表现	维度表现		
		正面表现	负面表现	研发表现
三星	不低于2分	六个维度内至少有一个维度平均来看每个指标有一个最低质量的一级数据项； 六个维度内至少有两个维度平均来看每个指标有两个最理想质量的二级数据项； 六个维度内至少有三个维度平均来看每个指标有一个最理想质量的二级数据项	六个维度内至多有一个维度平均来看每个指标有一个三级数据项； 任何维度得分不为0分	研发投入不低于1.5%
四星	/	/	/	/
五星	/	/	/	/

第五节　非上市企业公正财富评估

非上市企业公正财富评估与公正财富评级相比，其异同点如表6-7所示。

表6-7　公正财富评级与非上市企业公正财富评估

	公正财富评级	非上市企业公正财富评估
评估体系	公正财富评估体系	公正财富评估体系
数据来源	公开渠道	公开、非公开（问卷、访谈等）渠道
企业得分计算	公正财富得分	公正财富得分
评估过程	公开的数据收集、数据核查、获得得分	问卷调研、访谈、实地考察后获得数据及得分
实质性议题识别	默认上市公司已完成实质性议题识别	帮助企业进行实质性议题识别，建立实质性议题识别图
结果	横向可比较的评级结果	定性描述与建议的评估报告

从表 6-7 中可以看出，与公正财富评级相比，非上市企业公正财富评估的区别体现在：数据来源不仅有公开渠道数据，也包括访谈及调研获得的非公开数据；会帮助非上市企业进行利益相关方与实质性议题的识别工作；最终的结果为评估报告而非简单的评级结果。

第六节 评估周期

公正财富项目以年为单位，在时间设置上则与企业报告披露时间相结合。在每年年初调整优化整个公正财富评估体系，随后进行公正财富评级。在评级完成后，则同步推进评级后续的分析等工作。最终，在每年年末发布当年的公正财富白皮书，总结整年的公正财富进展。参见图 6-4。

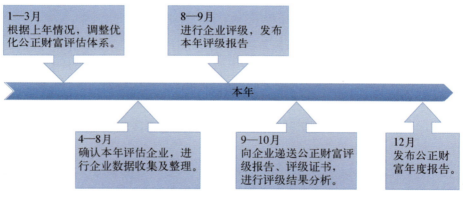

图 6-4 公正财富评估的周期

第七章
公正财富大事记

第一节　佘山会议

2013年7月19—20日，由复旦大学可持续创新和增长研究所（iSIG）主办的首届"iSIG可持续创新和增长研讨会"在上海佘山举行。研讨会上探讨了中国可持续发展与创新的相应对策，最终达成了被称为"佘山九条"的可持续发展学者共识。这其中包括了公正发展。

第二节　iSIG企业可持续创新和增长深圳论坛

2013年12月，iSIG企业可持续创新和增长深圳论坛聚集了20余位成功民营企业家以及部分政府官员，共同探讨中国企业，特别是民营企业，应如何把握公正发展这一全球性的商机。会上首次提出公正发展在中国的11个方面（现已归纳为九大维度）并获得热烈反响。

第三节　《泡泡理论》出版

2013年11月，《泡泡理论——人类社会何去何从》一书（中英文

第七章 公正财富大事记

图 7-1 iSIG 企业可持续创新和增长深圳论坛嘉宾合影

版）以有知需求为起点，系统阐述了公正发展理论的形成和前景，首次以理论框架的形式提出了公正发展这一新的人类发展原则。

图 7-2 《泡泡理论》中英文版书籍封面

第四节 "公正发展"主题研讨会

2014年6月21—22日,来自多所高校的与会教授针对"公正发展"这一主题进行了精彩独到的探讨和发言。

图 7-3　与会嘉宾讨论照片

第五节 "公正财富理论"正式提出

2015年3月,公正财富作为公正发展理论在商业领域的运用被正式定义,并发表在 *Customer Needs and Solutions* 期刊中。

第七章　公正财富大事记

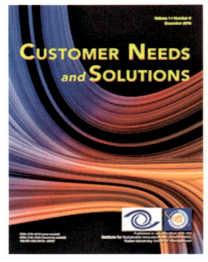

图 7-4　Customer Needs and Solutions 期刊封面

图 7-5　理想中国论坛参与者合影

第六节　理想中国论坛——公正财富与企业社会担当

2015 年 8 月 8 日，理想中国论坛在复旦大学管理学院成功举办。论坛邀请了相关领域的专家学者、企业家和政府公务员，针对当前社会背景和市场环境，围绕"公正财富与企业社会担当"年度主题，对"如何以公正的方式创造财富"这一问题展开了精彩演讲，进行了深入的交流和探讨。本次论坛得到了社会各界的高度重视和报道。

第七节　首届公正财富排行榜发布

2016 年 9 月，首届公正财富排行榜发布。该排行榜旨在以这一形式推动社会以公正为核心，重塑商业生态，进而推动整个社会的公正发展。

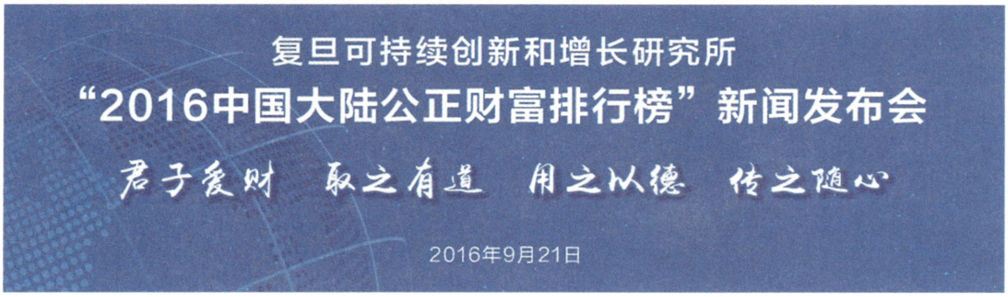

图 7-6 "2016 中国大陆公正财富排行榜"新闻发布会

第八节　Fair Development in China 出版

2016 年 12 月,《公正发展在中国》一书英文版出版。本书由来自管理、市场营销、政治、公共管理、环境等不同学科领域的专家学者共同编写,以公正发展为主旨,广泛探讨了包括政府、社会发展、公共政策等多个领域的中国热点问题。

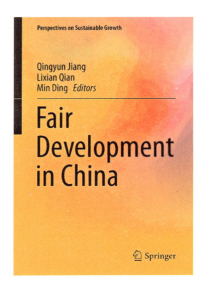

图 7-7 《公正发展在中国》英文版书籍封面

图 7-8 《2017 公正财富星级企业名单》封面

第七章　公正财富大事记

第九节　2017 公正财富评级发布

2017 年 10 月，第一份针对沪深两市 1 776 家上市公司做出的公正财富评级报告由 iSIG 发布。该评价体系以公正财富为视角，评估企业在透明、进步和引领这三大主旨上的表现，并以此为依据，将优秀企业定为一星至五星级企业。

第十节　公正财富排行榜更名为公正财富年度人物

2018 年 1 月，公正财富排行榜正式更名为公正财富年度人物，并发布了 2018 年评估结果，目的是促进这些中国的顶尖财富拥有者能重新审视自身对财富的认知。

第十一节　首支基于公正财富评级结果的私募基金正式运作

2018 年 7 月，首支基于公正财富评级结果的私募基金正式运作。该私募基金以公正财富指数为依据进行选股，在为投资人获取更高投资回报的同时，使投资人的投资更符合个人价值观并产生更为公正的社会效益，推动社会的公正发展。

第十二节　完成首家非上市企业公正财富评估

2018 年 7 月，iSIG 通过直接的企业问卷和调研，获得丰富的信息和对企业的深入了解，基于相同的公正财富评估体系完成了首家非上市企业公正财富评估，借此推动和帮助企业沿着公正财富的方向不断进步，乃至成长为全球领先的公正企业。

第八章
公正财富项目参与机构

本章详细介绍参与公正财富项目的三个主办机构（复旦大学管理学院可持续创新和增长研究所、北京大学贫困地区发展研究院、华东师范大学国家品牌战略研究中心）以及一个执行机构（有知庐）。

第一节　复旦大学管理学院可持续创新和增长研究所

复旦大学管理学院可持续创新和增长研究所（Institute for Sustainable Innovation and Growth, iSIG），其使命是创造、传播，并帮助实践对个人、企业、非营利组织、政府机构在现在和未来的发展中有重要意义的原创知识。

目前研究所的五个主题（及主要方向）包括：心智探究（心群决策、科学读心和人工神入），逻辑创新，公正发展，华礼社会和有知未来。

第二节　北京大学贫困地区发展研究院

北京大学贫困地区发展研究院（Institute on Poverty Research at Peking University）是在著名经济学家厉以宁教授倡议下，在德意志银行

第二节　北京大学贫困地区发展研究院

图 8-1　"2016 年中国大陆公正财富排行榜"新闻发布会

图 8-2　《理想中国》丛书常务编委会成员合影（部分）

大力资助下，于 2005 年 11 月 6 日成立的北京大学校级研究机构。研究院的成立得到中共中央统战部、全国政协、民盟中央、北京市人民政府、中国企业投资协会以及北京大学多个院系等有关方面的大力支持。北京大学贫困地区发展研究院以"统筹城乡发展、统筹区域发展、统筹社会经济发展、统筹人与自然和谐发展、统筹国内发展和对外开放"作为政策研究的基本思路和根本出发点，对贫困地区可持续发展与减贫问题进行全面的研究，希望能以此为中国的反贫困事业做出自己的一份贡献。

93

第八章 公正财富项目参与机构

图 8-3 北京大学贫困地区发展研究院签约仪式

图 8-4 北京大学贫困地区发展研究院前往湖北省襄阳市扶贫调研

第三节 华东师范大学国家品牌战略研究中心

国家品牌战略研究中心为华东师范大学批准成立的重点培育智库研究机构，其前身为 2007 年创立的品牌科学研究中心。依托工商管理一级学科博士点，确定两大主攻研究方向：一是站在国家层面对中国品牌及其全球化的战略研究（National Branding Strategy）；二是中国作为国家品牌的战略研究（Nation Branding Strategy）。其代表作《国家品牌战略——基于商业的视角》由北京大学出版社于 2017 年 11 月出版。

国家品牌战略研究中心学术委员会现有成员 11 位，来自国内 9 所一流大学；国际客座研究员 9 位（首批），来自美国、加拿大、英国、法国、西班牙、意大利等 6 个国家；国内客座研究员 10 位（首批），来自

图 8-5　2018 中国品牌科学与应用论坛暨全球品牌战略国际研讨会

第八章 公正财富项目参与机构

企业、政府、咨询机构等社会各界。

图 8-6 2018 中国品牌科学与应用论坛暨全球品牌战略国际研讨会照片

第四节 有知庐

有知庐是一家集研究、实践、教学为一体的"公益企业",成立于 2016 年 5 月,通过研究筛选并实现有助于理想未来的有知需求,来推动社会的进步。有知庐使用前沿的商业模式,将盈余全部用于支持这一事业的理念推广和独立运营。有知庐的使命和愿景是筛选出急需解决的社会关键问题,联合政府、企业、社会共同推动其发展。有知庐已经得到众多学界人士的支持和参与,他们分别来自全国 30 所高校,同时还得到企业界、公共事务服务部门的共同参与推动。

第四节 有知庐

图 8-7 有知庐支持者及活动照片

第九章
公正财富项目组

基于公正财富的各个机构组成公正财富项目组，项目组具体构成如下。

第一节 公正财富专家委员会

专家委员会由参与公正财富理论建立的专家组成，指导公正财富评估体系的建立及运作，是公正财富评级运作的决策机构。专家委员会主要包括以下成员（按姓氏首字母逆序排列）：

郁义鸿　复旦大学管理学院产业经济学系教授

彭泗清　北京大学光华管理学院市场营销系教授

雷　明　北京大学光华管理学院管理科学系教授

何佳讯　华东师范大学经济与管理学部教授

丁　敏　宾州州立大学 Smeal 商学院 Bard 营销学教授，复旦大学管理学院顾问教授

参与建立公正财富理论的主要专家还包括：

庄贵军　西安交通大学管理学院市场营销系教授

朱　虹　南京大学商学院营销与电子商务系教授

郑　正　复旦大学环境科学与工程系教授

吴小丁　吉林大学商学院市场营销系教授
王克敏　复旦大学管理学院财务金融系教授
苏晨汀　香港城市大学商学院市场营销系教授
沈开艳　上海社科院经济研究所研究员
李　兰　国务院发展研究中心公共管理与人力资源研究所研究员
景奉杰　华东理工大学商学院教授
蒋青云　复旦大学管理学院市场营销系教授
范秀成　复旦大学管理学院市场营销系教授
陈　洁　上海交通大学安泰经济与管理学院市场营销系教授

来自 985 高校的近 500 位教授提供了体系里的权重以及选择三星级及四星级的关键指标。

第二节　公正财富方法委员会

公正财富方法委员会是公正财富评估体系在学术与方法层面的具体指导机构，其成员包括：

孙　琦　上海财经大学国际工商管理学院副教授
肖　莉　复旦大学管理学院副教授
吴　芳　上海财经大学国际工商管理学院副教授
周影辉　深圳大学管理学院助理教授

第三节　执行团队

执行团队是公正财富评估体系的实际运作团队，负责基础数据收集、整理、分析的任务。

执行团队的负责人为：

季　明　公正财富项目主任

徐琰祺　公正财富项目助理

2019 年主要成员包括：

邓晴文　同济大学　管理科学与工程　硕士

付一凡　上海对外经贸大学　国际商务　硕士

金旻彦　复旦大学　社会学　本科

宁佳琦　复旦大学　管理学　本科

施铭洲　上海财经大学　商务英语　本科

孙　萌　上海对外经贸大学　金融学　本科

田　嘉　上海财经大学　财务管理　本科

王　岚　上海财经大学　国际理财　本科

王　谧　华东师范大学　德语　本科

王依涵　复旦大学　社会学　本科

夏　琳　上海对外经贸大学　金融学　本科

徐文麟　上海理工大学　税收学　本科

张晨曦　上海外国语大学　工商管理　本科

张坤鲲　复旦大学　经济学　本科

张启琳　上海财经大学　劳动与社会保障　本科

张无垠　复旦大学　理论与应用力学　本科

2018 年主要成员包括：

郑力源、赵双、赵碧凡、杨玉冰、徐倩倩、向灵舟、王艺霖、王兴慧、李玉洁、李莹珊、黄依涵、高鲜、付一凡、邓晴文、陈思为

2017 年主要成员包括：

朱珂、辛斌、向灵舟、谢安琪、高鲜、江佳妮、刘晶、崔华雪

2016 年主要成员包括：

杨雨清、柯璞、程千里、刘小桐、田玉欣、王晓迪、何佩烨、梁佳

以下群体也在不同程度上参与了项目：

复旦大学可持续创新和增长研究所（iSIG）成员（范朝斌、张芙琳、

徐婕、王毅、钱力显）

　　复旦大学管理学院部分校友

　　中欧国际工商学院（CEIBS）部分校友

附　录

1. 公正财富理论及方法修订情况

2016 年 9 月：首份公正财富评估理论及方法

2016 年 9 月，公正财富评估理论及方法与首届公正财富排行榜同时对外发布。

2018 年 2 月：2017 公正财富评估理论及方法

根据 2017 年首次发布的公正财富评级及公正财富年度人物榜进行了以下修订：

- ◇ 根据 2017 公正财富评级完善了公正财富评估体系；
- ◇ 增加了公正财富评级的评级体系及评级标准；
- ◇ 增加了公正财富年度人物榜的排榜标准。

2018 年 10 月：2018 公正财富评估理论及方法

2018 年公正财富评估理论及方法根据专家意见，进行了以下修订：

- ◇ 梳理公正财富评估体系理念结构；
- ◇ 更新每一级数据项指标；
- ◇ 对某些指标使用更进步的衡量标准；
- ◇ 知耻修身维度下合规诚信属性进行梳理，分成依法合规与商业伦理两个属性；

◇ 评估范围调整；
◇ 指标调整，包括新增、删减、指标所在属性调整、指标位置移动、指标名称修改。

2019 年 2 月：2019 公正财富评估理论及方法

2019 年并未对评估体系、结构、指标等进行更新。

对于同时在中国香港上市的企业，其采纳的数据来源进行了改进，以获得更全面和精准的数据。

2. FW 与 GRI、DJSI 及学术文献的对照表

维度	属性	指标	会标代码	GRI	DJSI	文献
天下为家	技术进步	研发投入——资金情况	CC.TC.1		Economic Dimension Innovation Management R&D Spending	
		研发投入——人员情况	CC.TC.2			
		专利授权情况	CC.TC.3		Economic Dimension Innovation Management R&D Spending	
		高级技术人才数量	CC.TC.4			
	环境友好	能源效率	CC.EN.1	302-3 Energy intensity	Environmental Dimension Operational Eco-efficiency EP-energy Consumption	15
		水资源使用效率	CC.EN.2	303-1 Water withdrawal by source	Environmental Dimension Operational Eco-efficiency EP-water	15
		水资源循环利用	CC.EN.3	303-3 Water recycled and reused	Environmental Dimension Operational Eco-efficiency EP-water Consumption	
		水污染物排放	CC.EN.4	306-3 Significant spills		17
		物资使用	CC.EN.5	301-1 Materials used by weight or volume; 301-2 Recycled input materials used	Environmental Dimension Product Stewardship Renewable Raw Materials	

(续表)

维度	属性	指标	会标代码	GRI	DJSI	文献
天下为家	环境友好	废弃物排放效率	CC.EN.6	306-2 Waste by type and disposal method 306-4 Transport of hazardous waste	Environmental Dimension Operational Eco-efficiency EP-waste	4 11 15 17
		废弃物综合利用	CC.EN.7	306-2 Waste by type and disposal method	Environmental Dimension Operational Eco-efficiency EP-waste	11 17
		温室气体排放	CC.EN.8	305-4 GHG emissions intensity	Environmental Dimension Operational Eco-efficiency EP-direct greenhouse gas emissions; Environmental Dimension Operational Eco-efficiency 4.2.2 EP-Indirect greenhouse gas emission	8 9
		大气污染物排放	CC.EN.9	305-7 Nitrogen oxides (NOX), sulfur oxides (SOX), and other significant air emissions	Environmental Dimension Operational Eco-efficiency EP-SOx Emissions Environmental Dimension Operational Eco-efficiency EP-NOx Emissions Environmental Dimension Operational Eco-efficiency EP-dust Emissions	
		清洁能源使用	CC.EN.10		Environmental Dimension Resource Conservation and Resource Efficiency Renewable Energy Consumption	

（续表）

维度	属性	指标	会标代码	GRI	DJSI	文献
天下为家	环境友好	企业绿色产品	CC.EN.11	301-3 Reclaimed products and their packaging materials	Environmental Dimension Product Stewardship Product Benefits	11
		确认的企业违反环境法规事件	CC.EN.12	307-1 Non-compliance with environmental laws and regulations	Environmental Dimension Environmental Policy & Management Systems Environmental Violations	17
		企业造成的土壤污染情况	CC.EN.13			
		环境保护投入	CC.EN.14		Environmental Dimension Environmental Policy & Management Systems Return on Environmental Investments	19 15 6
举目皆亲	员工保障	企业员工周平均工作时间	WS.EP.1			15
		员工带薪休假情况	WS.EP.2	401-2 Benefits provided to full-time employees that are not provided to temporary or part-time employees		
		员工定期体检情况	WS.EP.3	401-2 Benefits provided to full-time employees that are not provided to temporary or part-time employees	Occupational Health and Safety Health, Safety & Well-being	6
		重大运营变化对员工最短通知时间	WS.EP.4	402-1 Minimum notice periods regarding operational changes		

(续表)

维度	属性	指 标	会标代码	GRI	DJSI	文献
举目皆亲	员工保障	生产安全情况	WS.EP.5			11
		员工因工受伤情况	WS.EP.6	403-2 Types of injury and rates of injury, occupational diseases, lost days, and absenteeism, and number of work-related fatalities	Social Dimension Occupational Health and Safety Total Recordable Injury Frequency Rate（TRIFR）-employees	11 15
		员工因工死亡情况	WS.EP.7	403-2 Types of injury and rates of injury, occupational diseases, lost days, and absenteeism, and number of work-related fatalities	Social Dimension Occupational Health and Safety Total Recordable Injury Frequency Rate（TRIFR）-employees	
		职业病管控	WS.EP.8	403-2 Types of injury and rates of injury, occupational diseases, lost days, and absenteeism, and number of work-related fatalities；403-3 Workers with high incidence or high risk of diseases related to their occupation	Social Dimension Occupational Health and Safety Occupational Diseases	6
		因各类工作相关的事故造成的损失工作日情况	WS.EP.9	403-2 Types of injury and rates of injury, occupational diseases, lost days, and absenteeism, and number of work-related fatalities	Social Dimension Occupational Health and Safety Lost-time Injuries Frequency Rate（LTIFR）-employees	
		员工流失情况	WS.EP.10	401-1 New employee hires and employee turnover		2

（续表）

维度	属性	指标	会标代码	GRI	DJSI	文献
举目皆荣	员工保障	员工满意度	WS.EP.11		Social Dimension Talent Attraction & Retention Trend of Employee Engagement	10 2
		生产安全保障投入	WS.EP.12	410-1 Security personnel trained in human rights policies or procedures		11 15
		员工资助投入	WS.EP.13			11 15
		最低工资保障	WS.BE.1	202-1 Ratios of standard entry level wage by gender compared to local minimum wage		19
	合理薪酬	管理人员薪酬情况	WS.BE.2	102-38 Annual total compensation ratio	Economic Dimension Corporate Governance Disclosure of Median or Mean Compensation of All Employees & CEO Compensation	19
		员工薪酬分布	WS.BE.3	201-1 Direct economic value generated and distributed		19
		员工额外福利	WS.BE.4	401-2 Benefits provided to full-time employees that are not provided to temporary or part-time employees		
		工资延误发放情况	WS.BE.5			

（续表）

维度	属性	指标	会标代码	GRI	DJSI	文献
举目皆亲	客户为先	客户满意度	WS.CS.1		Economic Dimension Customer Relationship Management Satisfaction Measurement	1
		确认的违反产品及服务相关法律法规事件	WS.CS.2	417-2 Incidents of non-compliance concerning product and service information and labeling	Economic Dimension Anti-crime Policy & Measures Crime Prevention: Transaction Monitoring	11
		因违反产品及服务相关法规罚金总额	WS.CS.3	417-2 Incidents of non-compliance concerning product and service information and labeling	Economic Dimension Anti-crime Policy & Measures Crime Prevention: Transaction Monitoring	11
		确认的违反法律法规影响客户健康与安全事件	WS.CS.4	416-2 Incidents of non-compliance concerning the health and safety impacts of products and services	Economic Dimension Product Quality and Recall Management Compliance to Regulatory Standards	11 16 15
		确认的客户隐私泄露事件总人次	WS.CS.5	418-1 Substantiated complaints concerning breaches of customer privacy and losses of customer data	Economic Dimension Customer Relationship Management Customer Data Security & Data Privacy	
		因安全与健康理由召回产品情况	WS.CS.6		Economic Dimension Product Quality and Recall Management Product Recalls	11 16 15
		客户投诉	WS.CS.7			
		服务质量	WS.CS.8			15

（续表）

维度	属性	指标	会标代码	GRI	DJSI	文献
举目皆亲	客户为先	产品安全	WS.CS.9	416-1 Assessment of the health and safety impacts of product and service categories	Environmental Dimension Product Stewardship Product Design Criteria	19 15
	担当共赢	供应商长效管理机制	WS.RC.1	414-1 New suppliers that were screened using social criteria	Economic Dimension Supply Chain Management Transparency & Reporting	3
		经销商/加盟商长效管理机制	WS.RC.2			
		供应商实地审核	WS.RC.3			3
		供应商合规合法情况	WS.RC.4		Economic Dimension Supply Chain Management Supplier Code of Conduct	15 18
		经销商/加盟商合规合法情况	WS.RC.5			
		供应商满意度	WS.RC.6			
		合作伙伴培训情况	WS.RC.7			3 18
	造福一方	采购支出本地化	WS.LB.1	204-1 Proportion of spending on local suppliers	Social Dimension Local Impact of Business Operations Local Suppliers	

(续表)

维度	属性	指标	会标代码	GRI	DJSI	文献
举目皆亲	造福一方	员工本地化	WS.LB.2		Social Dimension Social Impacts on Communities Local Employment	7 19 15
		管理层本地化	WS.LB.3	202-2 Proportion of senior management hired from the local community		7
		企业纳税	WS.LB.4	201-1 Economic performance	Economic Dimension Tax Strategy Tax Reporting	19
		政府资助情况	WS.LB.5	201-4 Financial assistance received from government		
		高社会价值项目投入	WS.LB.6	413-2 Operations with significant actual and potential negative impacts on local communities	Economic Dimension Impact Measurement & Valuation Business Programs for Social Needs Impact Measurement & Valuation Valuation Disclosure	
知耻修身	依法合规	确认腐败和商业贿赂案件数	EE.CL.1	205-3 Confirmed incidents of corruption and actions taken	Economic Dimension Codes of Business Conduct Corruption & Bribery Cases	
		确认被判知识产权案件数	EE.CL.2			
		违反各类法律法规产生的罚金总额	EE.CL.3	419-1 Non-compliance with laws and regulations in the social and economic area	Economic Dimension Anti-crime Policy & Measures Crime Prevention: Business Policy/Procedures	11

(续表)

维度	属性	指标	会标代码	GRI	DJSI	文献
	依法合规	确认违反反垄断法或不正当竞争案件数	EE.CL.4	206-1 Legal actions for anti-competitive behavior, anti-trust, and monopoly practices	Economic Dimension Codes of Business Conduct Anti-competitive Practices	19
知耻修身		合规条款员工签署覆盖率	EE.EI.1	102-41 Collective bargaining agreements		11
	商业伦理	员工反腐败（反商业贿赂）预防性措施	EE.EI.2	205-2 Communication and training about anti-corruption policies and procedures	Economic Dimension Codes of Business Conduct Coverage	15
		合同履约率	EE.EI.3			19
		员工依法合规预防性措施	EE.EI.4	102-16 Values, principles, standards, and norms of behavior; 102-17 Mechanisms for advice and concerns about ethics	Economic Dimension Codes of Business Conduct Systems/Procedures	19
十八而立	充分教育	完成义务教育员工数量	WA.SE.1			
		完成本科及以上员工数量	WA.SE.2			
		教育相关捐赠总额占比	WA.SE.3			19

(续表)

维度	属性	指标	会标代码	GRI	DJSI	文献
十八而立	引入社会	应届毕业生招聘	WA.LS.1	401-1 New employee hires and employee turnover		19 11 6
		吸纳就业规模	WA.LS.2	401-1 New employee hires and employee turnover; 102-7 Scale of the organization		
		提供实习生实践岗位情况	WA.LS.3			
弱势不弱	公益慈善	企业用于公益慈善的捐赠	PW.CP.1		Social Dimension Corporate Citizenship and Philanthropy Input	19
		企业管理层个人用于公益慈善的捐赠	PW.CP.2			19
		企业用于改善贫困情况的支出	PW.CP.3			19
		企业内员工参与志愿服务及公益慈善活动次数	PW.CP.4		Social Dimension Corporate Citizenship and Philanthropy Input	5 2
	机会平等	就业性别平等	PW.EO.1	102-8 Information on employees and other workers; 405-1 Diversity of governance bodies and employees	Economic Dimension Corporate Governance Gender Diversity	19 11 15

(续表)

维度	属性	指标	会标代码	GRI	DJSI	文献
弱势不弱	机会平等	收入性别平等	PW.EO.2	405-2 Ratio of basic salary and remuneration of women to men	Social Dimension Labor Practice Indicators and Human Rights Labor KPIs — Equal Remuneration	19 11
		管理层女性比例	PW.EO.3	405-1 Diversity of governance bodies and employees	Economic Dimension Corporate Governance Board Structure	19 11 15
		残疾人雇佣情况	PW.EO.4		Social Dimension Labor Practice Indicators and Human Rights Labor KPIs — Equal Remuneration	19 11 15
登天有道	成长空间	管理层平均年龄	UM.RG.1	405-1 Diversity of governance bodies and employees		
		管理层本公司晋升比例	UM.RG.2			15
		定期的员工职业发展评估	UM.RG.3	404-3 Percentage of employees receiving regular performance and career development reviews; 102-28 Evaluating the highest governance body's performance	Social Dimension Talent Attraction & Retention Type of Individual Performance Appraisal	
	培训教育	员工全年培训时长	UM.ET.1	404-1 Average hours of training per year per employee; 404-2 Programs for upgrading employee skills and transition assistance programs	Social Dimension Human Capital Development Training & Development Inputs	10

（续表）

维度	属性	指标	会标代码	GRI	DJSI	文献
登天有道	成长空间	员工全年培训覆盖	UM.ET.2	404-3 Percentage of employees receiving regular performance and career development reviews assistance programs	Social Dimension Human Capital Development Training & Development Inputs	3
		员工全年培训费用	UM.ET.3		Social Dimension Human Capital Development Training & Development Inputs	

参考文献

1. Abagail McWilliams & Donald Siege, Corporate Social Responsibility and Financial Performance: Correlation or Misspecification?, *Strategic Management Journal*, 2000 (5), pp.603-609.
2. Bader Yousef Obeidat, Exploring the Relationship between Corporate Social Responsibility, Employee Engagement, and Organizational Performance: The Case of Jordanian Mobile Telecommunication Companies, *International Journal of Communications, Network and System Sciences*, 2016 (9), pp.361-386.
3. Che-Fu Hsueh, Collaboration on Corporate Social Responsibility between Suppliers and a Retailer, London: Proceedings of the World Congress on Engineering 2012 Vol III WCE 2012, July 4-6, 2012.
4. Dayuan Li, Yini Zhao, Yan Sun & Duanjinyu Yin, Corporate Environmental Performance, Environmental Information Disclosure, and Financial Performance: Evidence from China, *Human and Ecological Risk Assessment: An International Journal*, 2017 (1), pp.323-339.
5. Diogo Hildebrand, Yoshiko DeMotta, Sankar Sen, Ana Valenzuela, Consumer Responses to Corporate Social Responsibility (CSR) Contribution Type, *Journal of Consumer Research*, 2017 (12), pp.738-758.
6. Donna J. Wood, Toward Improving Corporate Social Performance, *Business Horizons*, 1991 (7), pp.66-73.
7. Jakob Lauring & Christa Thomsen, Collective Ideals and Practices in Sustainable Development: Managing Corporate Identity, *Corporate Social Responsibility and Environmental Management*, 2009 (1), pp.38-47.
8. Kenneth Gillingham, Richard G. Newell & Karen Palmer, Energy Efficiency Economics and Policy, *Annual Review of Resource Economics*, 2009 (1), pp.597-620.
9. Klaus Dingwerth & Margot Eichinger, Tamed Transparency: How Information Disclosure under the Global Reporting Initiative Fails to Empower, *Global Environmental Politics*, 2010 (8), pp.74-96.

10. Mariam Farooq, Omer Farooq, Sajjad M. Jasimuddin, Employees Response to Corporate Social Responsibility: Exploring the Role of Employees' Collectivist Orientation, *European Management Journal*, 2014 (12), pp.916-927.
11. Michael Hopkins, Measurement of Corporate Social Responsibility, *International Journal of Management and Decision Making*, 2005 (1), pp.213-231.
12. Min Ding,《泡泡理论——人类社会何去何从》, 复旦大学出版社, 2013.
13. Min Ding, Fair Wealth, *Customer Needs and Solutions*, 2015 (6), pp.105-112.
14. Qingyun Jiang, Lixian Qian, Min Ding, *Fair Development in China*, Springer International Publishing, 2016.
15. Robert G. Eccles, Ioannis Ioannou, George Serafeim, The Impact of Corporate Sustainability on Organizational Processes and Performance, *Management Science*, 2014 (11), pp.2381-2617.
16. Roy, Marie-Jose, Organizing for Corporate Social Performance: the Role of Board-level Committees, *Journal of Corporate Citizenship*, 2009 (12), pp.71-86.
17. Sulaiman A. Al-Tuwaijri, Theodore E. Christensen, K. E. Hughese II, The Relations Among Environmental Disclosure, Environmental Performance, and Economic Performance: a Simultaneous Equations Approach, *Accounting, Organizations and Society*, 2004 (7), pp.447-471.
18. Yavuz Agan, Cemil Kuzey, Mehmet Fatih Acar, Atif Acıkgoz, The Relationships between Corporate Social Responsibility, Environmental Supplier Development, and Firm Performance, *Journal of Cleaner Production*, 2016 (1), pp.1872-1881.
19. Yongqiang Gao, Corporate Social Performance in China: Evidence from Large Companies, *Journal of Business Ethics*, 2009 (9), pp.23-35.

感　言

在全书的最后，项目组由衷地感谢本年所有参与公正财富项目的实习生，负责整个项目数据整理、收集、核对、发布的徐琰祺，以及协助完成本报告的王依涵、金旻彦，正是因为你们的努力、坚持，以及你们让社会变得更公平的信念，共同推进着公正财富项目的发展，你们辛勤工作的成果正是这本书得以完成的最大保障。

图书在版编目(CIP)数据

2019 公正财富年度报告/公正财富项目组著. —上海：复旦大学出版社, 2020.4
(公正财富年度报告系列丛书)
ISBN 978-7-309-14787-2

Ⅰ.①2… Ⅱ.①公… Ⅲ.①国民财富-研究报告-中国-2019 Ⅳ.①F124.7

中国版本图书馆 CIP 数据核字(2019)第 288538 号

2019 公正财富年度报告
公正财富项目组　著
责任编辑/鲍雯妍

复旦大学出版社有限公司出版发行
上海市国权路 579 号　邮编：200433
网址：fupnet@ fudanpress.com　http://www.fudanpress.com
门市零售：86-21-65642857　　团体订购：86-21-65118853
外埠邮购：86-21-65109143
上海盛通时代印刷有限公司

开本 787×1092　1/16　印张 8　字数 101 千
2020 年 4 月第 1 版第 1 次印刷

ISBN 978-7-309-14787-2/F·2662
定价：48.00 元

如有印装质量问题,请向复旦大学出版社有限公司发行部调换。
版权所有　　侵权必究